小学数学课堂有效教学研究

倪庆雷　著

吉林人民出版社

图书在版编目 (CIP) 数据

小学数学课堂有效教学研究 / 倪庆雷著 . -- 长春：
吉林人民出版社 , 2022.11
ISBN 978-7-206-19646-1

Ⅰ . ①小… Ⅱ . ①倪… Ⅲ . ①小学数学课 – 课堂教学
– 教学研究 Ⅳ . ① G623.502

中国版本图书馆 CIP 数据核字 (2022) 第 256903 号

小学数学课堂有效教学研究

XIAOXUE SHUXUE KETANG YOUXIAO JIAOXUE YANJIU

著　　者：倪庆雷
责任编辑：王　丹　　　　　　　　封面设计：夜　佳
吉林人民出版社出版 发行（长春市人民大街 7548 号） 邮政编码：130022
印　　刷：石家庄汇展印刷有限公司
开　　本：710mm×1000mm　　 1/16
印　　张：13.75　　　　　　　　字　　数：250 千字
标准书号：ISBN 978-7-206-19646-1
版　　次：2022 年 11 月第 1 版　　印　　次：2022 年 11 月第 1 次印刷
定　　价：68.00 元

前　言

随着新课程改革的不断深入，教师的教学理念以及课堂的教学方法都发生了巨大的变化。作为教学最基本的形式，课堂教学有着悠久的历史，课堂是学生学习的前沿阵地，教学目标基本都是在课堂内完成的。在新课程改革的背景下，开展有效课堂，提高课堂教学的效率，是教师们永恒的追求。

数学学科与其他学科相比具有较高的抽象性、推理的严谨性、结论的明确性、应用的广泛性，并且数学语言具有形式化、符号化、简约化等特点，这对教师教学提出了更高的要求。要想保证小学数学课堂教学的有效性，提高课堂教学效率，就需要教师尽快更新教学理念，摒弃相对滞后的教育思想与教学方法。同时，课堂教学是一个由诸多要素构成的有机整体，这就要求教师在实施课堂教学时要综合考虑，使每个要素都能得到优化，从而创建一个崭新、高效的小学数学课堂。

本书属于数学教学方面的著作，由小学数学课程概述、小学生的数学学习、小学数学课堂教学概述、小学数学课堂有效教学方法、小学数学课堂教学中不同思想及数学文化的渗透、小学数学课堂教学中学生数学能力的培养、小学数学教学评价等部分组成。全书以数学教学为核心，从小学数学课程和数学课堂教学的基本理论出发，详细介绍了多元化的课堂教学方法，阐述了不同数学思想的培养策略，最后针对课堂教学评价作了相关论述，对数学教学相关方面的研究者与从业人员具有学习和参考价值。

目　录

第一章　小学数学课程概述

第一节　小学数学课程的目标与内容

一、课程目标

（一）总目标

通过义务教育阶段的数学学习，学生逐步会用数学的眼光观察现实世界，会用数学的思维思考现实世界，会用数学的语言表达现实世界（简称"三会"）。学生应做到以下几点。

（1）获得适应未来生活和进一步发展所必需的数学基础知识、基本技能、基本思想、基本活动经验（简称"四基"）。

（2）体会数学知识之间、数学与其他学科之间、数学与生活之间的联系，在探索真实情境所蕴含的关系中，发现问题和提出问题，运用数学和其他学科的知识与方法分析问题和解决问题（"四能"）。

（3）对数学具有好奇心和求知欲，了解数学的价值，欣赏数学美，提高学习数学的兴趣，建立学好数学的信心，养成良好的学习习惯，形成质疑问难、自我反思和勇于探索的科学精神。

（二）学段目标

为体现义务教育数学课程的整体性与发展性，根据学生数学学习的心理特征和认知规律，将九年的学习时间划分为四个学段。其中，"六三"学制

1～2年级为第一学段，3～4年级为第二学段，5～6年级为第三学段，7～9年级为第四学段（本书不讨论第四学段）。

根据"六三"学制每个学段学生发展的特征，描述总目标在各学段的表现和要求，将核心素养的表现体现在每个学段的具体目标之中。

1.第一学段（1～2年级）

经历简单的数的抽象过程，认识万以内的数，能进行简单的整数四则运算，形成初步的数感、符号意识和运算能力。能辨认简单的立体图形和平面图形，认识长方形和正方形的特征，体验物体长度的测量过程，认识常见的长度单位，形成初步的量感和空间观念。经历简单的分类过程，能根据给定的标准进行分类，形成初步的数据意识。在主题活动中认识货币单位、时间单位和基本方向，尝试用数学方法解决问题，积累数学活动经验，形成初步的量感和应用意识。

能在教师指导下，从日常生活中提出简单的数学问题，尝试运用所学的知识和方法解决问题。在解决问题的过程中，感悟分析问题和解决问题的基本方法，感受数学在生活中的应用，形成初步的几何直观和应用意识。

对身边与数学有关的事物有好奇心，能参与数学学习活动。在他人帮助下，尝试克服困难，感受数学活动中的成功。了解数学可以描述生活中的一些现象，感受数学与生活有密切联系，感受数学的美。能倾听他人的意见，尝试对他人的想法提出建议。

在一年级第一学期的入学适应期，利用生活经验和幼儿园相关活动经验，通过具体形象、生动活泼的活动方式学习简单的数学内容。这期间的主要目标包括：认识20以内的数，会20以内数的加减法（不含退位减法）；能辨认物体和简单图形的形状，会简单地分类；解决日常生活中的简单问题；对数学学习产生兴趣并树立信心。

2.第二学段（3～4年级）

认识自然数，经历小数和分数的形成过程，初步认识小数和分数；能进行较复杂的整数四则运算和简单的小数、分数的加减运算，理解运算律；形成数感、运算能力和初步的推理意识。认识常见的平面图形，经历平面图形的周长和面积的测量过程，探索长方形周长和面积的计算方法；了解图形的平移、旋转和轴对称；形成量感、空间观念和初步的几何直观。经历简单的数据收集过程，了解数据收集。整理和呈现的简单方法；理解平均数的意义，会用平均数解决问题；形成初步的数据意识。在主题活动中进一步认识时间单位和方向，认识质量单位，尝试应用数学和其他学科知识与方法解决问题，积累数学活动经验，形成量感、推理意识和应用意识。

尝试从日常生活中发现和提出数学问题，探索分析和解决问题的方法，经历独立思考并与他人合作交流解决问题的过程，会用常见的数量关系和其他学科的知识与方法解决问题，能初步判断结果的合理性；形成初步的模型意识、几何直观和应用意识。

愿意了解日常生活中与数学相关的信息，愿意参与数学学习活动，在他人的鼓励和引导下，体验克服困难、解决问题的成就，体会数学的作用，体验数学的美。在学习活动中能提出自己的想法，在与他人交流的过程中，敢于质疑和反思。

3.第三学段（5～6年级）

经历用字母表示数的过程，认识自然数的一些特征，理解小数和分数的意义；能进行小数和分数的四则运算，探索数运算的一致性；形成符号意识、运算能力、推理意识。探索几何图形面积和体积的计算方法，会计算常见平面图形的周长和面积，会计算常见立体图形的体积和表面积；能用有序数对确定点的位置，进一步认识图形的平移、旋转和轴对称；形成量感、空间观念和几何直观。经历收集、整理和表达数据的过程，会用条形统计图、折线统计图表达数据，并作出简单的判断；理解百分数的意义，了解随机现象发生的可能性；形成数据意识和初步的应用意识。在主题活动和项目学习中了解负数，应用数学和其他学科知识与方法解决问题，积累数学活动经验，形成数感、量感、模型意识、应用意识和创新意识。

尝试在真实的情境中发现和提出问题，探索运用基本的数量关系，以及几何直观、逻辑推理和其他学科的知识、方法分析与解决问题，形成模型意识和初步的应用意识、创新意识。

对数学具有好奇心和求知欲，主动参与数学学习活动。在解决问题的过程中，体验成功的乐趣，相信自己能够学好数学，感受数学的价值，体验并欣赏数学的美。初步养成认真勤奋、独立思考、合作交流、反思质疑的习惯。

二、课程内容

义务教育阶段数学课程内容由数与代数、图形与几何、统计与概率、综合与实践四个学习领域组成。

数与代数、图形与几何、统计与概率以数学核心内容和基本思想为主线循序渐进，每个学段的主题有所不同。综合与实践以培养学生综合运用所学知识和方法解决实际问题的能力为目标，根据不同学段学生特点，以跨学科主题学习为主，适当采用主题式学习和项目式学习的方式，设计情境真实、较为复杂的问题，引导学生综合运用数学学科和跨学科的知识与方法解决问题。

根据学段目标的要求，四个学习领域的内容按学段逐步递进，不同学段主题有所不同。具体安排如表 1-1 所示。

表 1-1　各学段各领域的主题

领域	学段		
	第一学段 （1～2年级）	第二学段 （3～4年级）	第三学段 （5～6年级）
数与代数	1. 数与运算 2. 数量关系	1. 数与运算 2. 数量关系	1. 数与运算 2. 数量关系
图形与几何	图形的认识与测量	1. 图形的认识与测量 2. 图形的位置与运动	1. 图形的认识与测量 2. 图形的位置与运动
统计与概率	数据分类	数据的收集、整理与表达	1. 数据的收集、整理与表达 2. 随机现象发生的可能性
综合与实践	重在解决实际问题，以跨学科主题学习为主，主要包括主题活动、项目学习等。以上三学段主要采用主题式学习，将知识内容融入主题活动中		

每个领域的课程内容按"内容要求""学业要求""教学提示"三个方面呈现。内容要求主要描述学习的范围和要求；学业要求主要明确学段结束时学习内容与相关核心素养所要达到的程度；教学提示主要是针对学习内容和达成相关核心素养而提出的教学建议。

（一）数与代数

数与代数是义务教育阶段学生数学学习的重要领域，在小学阶段包括"数与运算"和"数量关系"两个主题。学段之间的内容相互关联，由浅入深，层层递进，螺旋上升，构成相对系统的知识结构。

　　"数与运算"包括整数、小数和分数的认识及其四则运算。数是对数量的抽象，数的运算重点在于理解算理、掌握算法，数与运算之间有密切的关联。学生经历由数量到数的形成过程，理解和掌握数的概念；经历算理和算法的探索过程，理解算理，掌握算法。初步体会数是对数量的抽象，感悟数的概念本质上的一致性，形成数感和符号意识；感悟数的运算以及运算之间的关系，体会数的运算本质上的一致性，形成运算能力和推理意识。

　　"数量关系"主要是用符号（包括数）或含有符号的式子表达数量之间的关系或规律。学生经历在具体情境中运用数量关系解决问题的过程，感悟加法模型和乘法模型的意义，提高发现和提出问题、分析和解决问题的能力，形成模型意识和初步的应用意识。

　　1.第一学段（1～2年级）

　　（1）内容要求。

　　①数与运算。

　　第一，在实际情境中感悟并理解万以内数的意义，理解数位的含义，知道用算盘可以表示多位数。

　　第二，了解符号 <、=、> 的含义，会比较万以内数的大小；通过数的大小比较，感悟相等和不等关系。

　　第三，在具体情境中，了解四则运算的意义，感悟运算之间的关系。

　　第四，探索加法和减法的算理与算法，会整数加减法。

　　第五，探索乘法和除法的算理与算法，会简单的整数乘除法。

　　第六，在解决生活情境问题的过程中，体会数和运算的意义，形成初步的符号意识、数感、运算能力和推理意识。

　　②数量关系。

　　第一，在简单的生活情境中，运用数和数的运算解决问题，能解释结果的实际意义，形成初步的应用意识。

　　第二，探索用数或符号表达简单情境中的变化规律。

　　（2）学业要求。

　　①数与运算。

　　第一，能用数表示物体的个数或事物的顺序，能认、读、写万以内的数；能说出不同数位上的数表示的数值；能用符号表示数的大小关系，形成初步的数感和符号意识。

第二，能描述四则运算的含义，知道减法是加法的逆运算、乘法是加法的简便运算、除法是乘法的逆运算；能熟练口算 20 以内数的加减法和表内乘除法，能口算简单的百以内数的加减法；能计算两位数和三位数的加减法，形成初步的运算能力。

②数量关系。

第一，能在熟悉的生活情境中运用数和数的运算，合理表达简单的数量关系，解决简单的问题。

第二，能在解决问题的过程中，体会解决问题的道理，解释计算结果的实际意义，感悟数学与现实世界的关联，形成初步的模型意识、几何直观和应用意识。

（3）教学提示。

第一学段是学生进入小学学习的开始，要充分考虑学生在幼儿园阶段形成的活动经验和生活经验，遵循本阶段学生的思维特点和认知规律，为学生提供生动有趣的活动，更好地完成从幼儿园阶段到小学阶段的学习过渡。

第一，数与运算的教学。数的认识与数的运算具有密切的联系，既要注重各自的特征，也要关注二者的联系。数的认识是数的运算的基础，数的运算有助于学生更好地认识数。

数的认识教学应提供学生熟悉的情境，使学生感受具体情境中的数量，可以用对应的方法，借助小方块、圆片、小棒等表示相等的数量，然后过渡到用数字表达，使学生体会可以用一个数字符号表示同样的数量；知道不同数位上的数字表示不同的值。教学中应注意，10 以内数的教学重点是使学生体验 1 ~ 9 从数量到数的抽象过程，通过 9 再加 1 就是十，体会十的表达与 1 ~ 9 的不同是在新的位置上写 1，这个位置叫十位，十位上的 1 表示 1个十，1 个十用数字符号"10"表达。同理认识百以内的数、万以内的数。通过数量多少的比较，理解数的大小关系。在这样的教学活动中，学生形成初步的符号意识和数感。

数的运算教学应让学生感知数的加减运算要在相同数位上进行，体会简单的推理过程。引导学生通过具体操作活动，利用对应的方法理解加法的意义，感悟减法是加法的逆运算；在具体情境中，启发学生理解乘法是加法的简便运算，感悟除法是乘法的逆运算。在教学活动中，始终关注学生运算能力和推理意识的形成与发展。

第二，数量关系的教学。通过创设简单的情境，提出合适的问题，引导学生发现数量关系；利用画图、实物操作等方法，引导学生用学过的知识表达情境中的数量关系，体会几何直观，形成初步的应用意识。

2.第二学段（3～4年级）

（1）内容要求。

①数与运算。

第一，在具体情境中，认识万以上的数，了解十进制计数法；探索并掌握多位数的乘除法，感悟从未知到已知的转化。

第二，结合具体情境，初步认识小数和分数，感悟分数单位；会同分母分数的加减法和一位小数的加减法。

第三，在解决简单实际问题的过程中，理解四则运算的意义，能进行整数四则混合运算。

第四，探索并理解运算律（加法交换律和结合律、乘法交换律和结合律、乘法对加法的分配律），能用字母表示运算律。

第五，会运用数描述生活情境中事物的特征，逐步形成数感、运算能力和初步的推理意识。

②数量关系。

第一，在实际情境中，运用数和数的运算解决问题；在解决实际问题的过程中，能结合具体情境，选择合适的单位进行简单估算，体会估算在生活中的作用。

第二，能借助计算器进行计算，解决简单的实际问题，探索简单的规律。

第三，在具体情境中，认识常见数量关系：总量 = 分量 + 分量、总价 = 单价 × 数量、路程 = 速度 × 时间；能利用这些关系解决简单的实际问题。

第四，能在具体情境中了解等量的等量相等。

第五，能解决生活中的简单问题，并能对结果的实际意义作出解释，经历探索简单规律的过程，形成初步的模型意识和应用意识。

（2）学业要求。

①数与运算。

第一，能结合具体实例解释万以上数的含义，能认、读、写万以上的数，会用万、亿为单位表示大数。能计算两位数乘除三位数。

第二，能直观描述小数和分数，能比较简单的小数的大小和分数的大小；会进行同分母分数的加减运算和一位小数的加减运算。形成数感、符号意识和运算能力。

第三，能描述减法与加法的关系、除法与乘法的关系；能进行整数四则混合运算（以两步为主，不超过三步），正确运用小括号和中括号。能说出运算律的含义，并能用字母表示；能运用运算律进行简便运算，解决相关的简单实际问题，形成运算能力。

②数量关系。

第一，能在简单的实际情境中，运用四则混合运算解决问题，能选择合适的单位通过估算解决实际问题，形成初步的应用意识。

第二，能在真实情境中，发现常见数量关系，感悟利用常见数量关系解决问题；能借助计算器进行计算，并解释计算结果的实际意义；形成初步的模型意识、几何直观和应用意识。

第三，能在真实情境中，合理利用等量的等量相等进行推理，形成初步的推理意识。

（3）教学提示。

第一，数与运算的教学。在认识整数的基础上，认识小数和分数。通过数的认识和数的运算有机结合，感悟计数单位的意义，了解运算的一致性。

数的认识教学应为学生提供合理的情境，引导学生进一步经历整数的抽象过程，知道大数的意义和四位一级的表示方法，建立数感；通过学生熟悉的具体情境，引导学生初步认识分数，进行简单的分数大小比较，感悟分数单位；借助学生的生活经验，引导学生认识小数单位，进一步感悟十进制计数法。在这样的过程中，发展学生的数感。

数的运算教学应利用整数的乘法运算，理解算理与算法之间的关系；在进行除法计算的过程中，进一步理解除法是乘法的逆运算。在这样的过程中，感悟如何将未知转为已知，形成初步的推理意识。通过小数加减运算、同分母分数加减运算，与整数运算进行比较，引导学生初步了解运算的一致性，培养运算能力。通过实际问题和具体计算，引导学生用归纳的方法探索运算律、用字母表示运算律，感知运算律是确定算理和算法的重要依据，形成初步的代数思维。

第二，数量关系的教学。在具体情境中，利用加法或乘法表示数量之间的关系，建立加法模型和乘法模型，知道模型中数量的意义。估算的重点是解决实际问题。

常见数量关系的教学要在了解四则运算含义的基础上，引导学生理解现实问题中的加法模型是表示总量等于各分量之和，乘法模型可大体分为与个数有关（总价＝单价×数量）和与物理量有关（路程＝速度×时间）的两种形式，感悟模型中量纲的意义。应设计合适的问题情境，引导学生分析和表达情境中的数量关系，启发学生会用数学的语言表达现实世界，形成初步的模型意识，提升问题解决能力。利用现实背景，引导学生理解等量的等量相等这一基本事实，形成初步的推理意识。

估算教学要引导学生在具体的问题情境中选择合适的单位进行估算，体会估算在解决实际问题中的作用，了解估算的实际意义。

3. 第三学段（5～6年级）

（1）内容要求。

①数与运算。

第一，知道2、3、5的倍数的特征，了解公倍数和最小公倍数，了解公因数和最大公因数，了解奇数、偶数、质数（或素数）和合数。

第二，结合具体情境探索并理解小数和分数的意义，感悟计数单位；会进行小数、分数的转化，进一步发展数感和符号意识。

第三，结合具体情境理解整数除法与分数的关系。

第四，能进行简单的小数、分数四则运算和混合运算，感悟运算的一致性，发展运算能力和推理意识。

②数量关系。

第一，根据具体情境理解等式的基本性质。

第二，在解决实际问题的过程中，会选择合适的方法进行估算。

第三，在具体情境中，探索用字母表示事物的关系、性质和规律的方法，感悟用字母表示的一般性。

第四，在实际情境中理解比和比例以及按比例分配的含义，能解决简单的问题。

第五，通过具体情境，认识成正比的量（如$\frac{y}{x}=5$）；能探索规律或变化趋势（如$y=5x$）。

第六，能运用常见的数量关系解决实际问题，能合理解释结果的实际意义，逐步形成模型意识和几何直观，提高解决问题的能力。

（2）学业要求。

①数与运算。

能找出2、3、5的倍数。在1～100的自然数中，能找出10以内自然数的所有倍数，10以内两个自然数的公倍数和最小公倍数；能找出一个自然数的所有因数，两个自然数的公因数和最大公因数；能判断一个自然数是否是质数或合数。

能用直观的方式表示分数和小数，能比较两个分数的大小和两个小数的大小；会进行小数和分数的转化（不包括将循环小数转化成分数）。能在实际情境中运用小数和分数解决问题，进一步发展符号意识和数感。

能进行简单小数和分数的四则运算和混合运算（不超过三步），并说明运算过程。能在较复杂的真实情境中，选择恰当的运算方法解决问题，形成运算能力和推理意识。

②数量关系。

能在具体问题中感受等式的基本性质。

能在解决实际问题的过程中运用恰当的方法进行估算，并能描述估算的过程。

能在具体情境中，用字母或含有字母的式子表示数量之间的关系、性质和规律，感悟用字母表示具有一般性。

能在具体情境中判断两个量的比，会计算比值，理解比值相同的量，能解决按比例分配的简单问题。

能在具体情境中描述成正比的量$\frac{y}{x}=k(k\neq0)$，能找出生活中成正比的量的实例；能根据给出的成正比关系的数据在方格纸上画图，了解

$y=kx$ （ $k\neq0$ ）的形式，能根据其中一个量的值计算另一个量的值。

能解决较复杂的真实问题，形成几何直观和初步的应用意识，提高解决问题的能力。

（3）教学提示。

第一，数与运算的教学。通过整数的运算，感悟整数的性质；通过整数、小数、分数的运算，进一步感悟计数单位在运算中的作用，感悟运算的一致性。

数的认识教学要引导学生根据数的意义，用列举、计算、归纳等方法，探索2、3、5的倍数的特征，理解公因数和公倍数、奇数和偶数、质数和合数，形成推理意识。

在初步认识小数和分数的基础上，引导学生在具体情境中，理解小数和分数的意义，感悟计数单位。在教学过程中，可以让学生体验与小数有关的数学文化，理解、描述各数位上数字的意义，进一步提升数感。

数的运算教学应注重对整数、小数和分数四则运算的统筹，让学生进一步感悟运算的一致性。例如，在分数加减运算的过程中，引导学生理解通分的目的是得到同样计数单位，进一步理解计数单位对分数表达的重要性，理解整数、分数、小数的加减运算都要在相同计数单位下进行，感悟加减运算的一致性。

第二，数量关系的教学。理解用字母表示的一般性，形成初步的代数思维。

用字母表示的教学要设计合理的实际情境，引导学生会用字母或含有字母的式子表达实际情境中的数量关系、性质和规律。例如，用字母表达常见数量关系及其变形，"路程＝速度×时间"表示为$s=v\times t$，这个关系的变式表示为$v=s\div t$，$t=s\div v$；还可以表达图形的周长和面积计算公式，感受字母表达的一般性。运用数和字母表达数量关系，通过运算或推理解决问题，形成与发展学生的符号意识、推理意识和初步的应用意识。

估算教学要借助真实情境，引导学生在选择合适单位估算的基础上，感悟选择合适的方法估算的重要性，提高解决问题的能力，发展初步的应用意识。

比和比例教学要合理利用实际生活中的情境，引导学生发现并用字母表达两个数量之间的倍数关系。例如，通过同样照片的放大与缩小、食品中原料的成分比等，理解比例的意义，能解决简单的按比例分配的问题。

成正比的量教学要在具体情境中呈现两个成正比的量的变化规律，引导学生理解可以把这个规律表示为 $\frac{y}{x} = k(k \neq 0)$ 的形式，也可以表示为 $y = kx(k \neq 0)$ 的形式，感悟这两个表达式的共性与差异；引导学生尝试在方格纸上画出给定的成正比的量的数据，建立几何直观，为初中学习函数积累经验。

（二）图形与几何

图形与几何是义务教育阶段学生数学学习的重要领域，在小学阶段包括"图形的认识与测量"和"图形的位置与运动"两个主题。学段之间的内容相互关联，螺旋上升，逐段递进。

"图形的认识与测量"包括立体图形和平面图形的认识，线段长度的测量，以及图形的周长、面积和体积的计算。

图形的认识主要是对图形的抽象。学生经历从实际物体抽象出几何图形的过程，认识图形的特征，感悟点、线、面、体的关系；积累观察和思考的经验，逐步形成空间观念。图形的认识与图形的测量有密切关系。图形的测量重点是确定图形的大小。学生经历统一度量单位的过程，感受统一度量单位的意义，基于度量单位理解图形长度、角度、周长、面积、体积。在推导一些常见图形周长、面积、体积计算方法的过程中，感悟数学度量方法，逐步形成量感和推理意识。

"图形的位置与运动"包括确定点的位置，认识图形的平移、旋转、轴对称。学生结合实际情境判断物体的位置，探索用数对表示平面上点的位置，增强空间观念和应用意识。学生经历对现实生活中图形运动的抽象过程，认识平移、旋转、轴对称的特征，体会运动前后图形的变与不变，感受数学美，逐步形成空间观念和几何直观。

1.第一学段（1～2年级）

（1）内容要求。

第一，通过实物和模型辨认简单的立体图形和平面图形，能对图形分类，会用简单图形拼图。

第二，结合生活实际，体会建立统一度量单位的重要性，认识长度单位米、厘米。能估测一些物体的长度，并进行测量。

第三，在图形认识与测量的过程中，形成初步的空间观念和量感。

（2）学业要求。

能辨认长方体、正方体、圆柱、球等立体图形，能直观描述这些立体图形的特征；能辨认长方形、正方形、平行四边形、三角形、圆等平面图形，能直观描述这些平面图形的特征。能根据描述的特征对图形进行简单分类。

会用简单的图形拼图，能在组合图形中说出各组成部分图形的名称；能说出立体图形中某一个面对应的平面图形，形成初步的空间观念。

感悟统一单位的重要性，能恰当地选择长度单位米、厘米等描述生活中常见物体的长度，能进行单位之间的换算；能估测一些身边常见物体的长度，并能借助工具测量生活中物体的长度。初步形成量感。

（3）教学提示。

图形的认识与测量的教学。结合低年级学生的年龄特点，充分利用学生在幼儿园阶段积累的有关图形的经验，以直观感知为主。

图形的认识教学要选用学生身边熟悉的素材，鼓励学生动手操作，感知立体图形和平面图形的特点以及这两类图形的关联，引导学生经历图形的抽象过程，积累观察物体的经验，形成初步的空间观念。

图形的测量教学要引导学生经历统一度量单位的过程，创设测量课桌长度、测量不同书本的长度等生活情境，借助拃的长度、铅笔的长度等不同的方式测量，经历测量的过程，比较测量的结果，感受统一长度单位的意义；引导学生经历用统一的长度单位（米、厘米）测量物体长度的过程，如重新测量课桌长度，加深对长度单位的理解。

2.第二学段（3～4年级）

（1）内容要求。

①图形的认识与测量。

第一，结合实例认识线段、射线和直线；体会两点间所有连线中线段最短，知道两点间距离；会用直尺和圆规作一条线段等于已知线段；了解同一平面内两条直线的位置关系。

第二，结合生活情境认识角，知道角的大小关系；会用量角器量角，会用量角器或三角板画角。

第三，认识长度单位千米，知道分米、毫米；认识面积单位平方厘米、平方分米、平方米。能进行简单的单位换算；能恰当地选择单位估测一些物体的长度和面积，会进行测量。

第四，认识三角形和四边形，会根据图形特征对三角形和四边形进行分类。

第五，结合实例认识周长和面积；探索并掌握长方形、正方形的周长和面积的计算公式。

第六，能根据具体事物、照片或直观图辨认从不同角度观察到的简单物体。

第七，在图形认识与测量的过程中，增强空间观念和量感。

②图形的位置与运动。

第一，结合实例，感受平移、旋转、轴对称现象。

第二，在感受图形的位置与运动的过程中，形成空间观念和初步的几何直观。

（2）学业要求。

①图形的认识与测量。

能说出线段、射线和直线的共性与区别；知道两点间所有连线中线段最短，能在具体情境中运用"两点之间线段最短"解决简单问题；能辨认同一平面内两条直线是否平行或垂直；能辨认从不同角度观察简单物体所对应的照片或直观图。形成空间观念和初步的几何直观。

会比较角的大小；能说出直角、锐角、钝角的特征，能辨认平角和周角；会用量角器测量角的大小，能用直尺和量角器画出指定度数的角；会用三角板画30°、45°、60°、90°的角。

会根据角的特征对三角形分类，认识直角三角形、锐角三角形和钝角三角形；能根据边的相等关系，认识等腰三角形和等边三角形。能说出长方形、正方形、平行四边形、梯形的特征；能说出图形之间的共性与区别。形成空间观念和初步的几何直观。

能描述长度单位千米、分米、毫米，能进行长度单位之间的换算；能在真实情境中选择合适的长度单位。能通过具体事例描述面积单位平方厘米、平方分米、平方米，能进行面积单位之间的换算。

经历用直尺和圆规将三角形的三条边画到一条直线上的过程，直观感受三角形的周长，知道什么是图形的周长；会测量三角形、长方形和正方形的周长；会计算长方形、正方形的周长和面积。

在解决图形周长、面积的实际问题过程中，逐步积累操作的经验，形成量感和初步的几何直观。

②图形的位置与运动。

能在实际情境中，辨认出生活中的平移、旋转和轴对称现象，直观感知平移、旋转和轴对称的特征，能利用平移或旋转解释现实生活中的现象，形成空间观念。

（3）教学提示。

图形的认识与测量的教学。将图形的认识与图形的测量有机融合，引导学生从图形的直观感知到探索特征，并进行图形的度量。

图形的认识教学要帮助学生建立几何图形的直观概念。通过观察长方体的外表认识面，通过面的边缘认识线段，感悟图形抽象的过程。

在认识线段的基础上，引导学生用直尺和圆规作给定线段的等长线段，感知线段长度与两点间距离的关系，增强几何直观。

结合实际情境，感受同一平面内两条直线的两种位置关系，借助动态演示或具体操作，感悟两条直线平行与相交的差异。

角的认识教学可以利用纸扇、滑梯等学生熟悉的事物或场景直观感知角，利用抽象图形引导学生知道角的大小与边的长短无关，并比较角的大小。利用学具让学生观察角的大小变化，认识直角、锐角、钝角、平角和周角。启发学生根据角的特征将三角形分为锐角三角形、直角三角形和钝角三角形；通过边的特征知道等腰三角形和等边三角形。引导学生在认识长方形、正方形、平行四边形、梯形的过程中，感悟这几类四边形的共性与区别。

结合学生身边熟悉的场景，通过从不同方位观察同一物体，引导学生将观察到的图像与观察方位对应，发展空间观念和想象力。

图形的面积教学要让学生在熟悉的情境中，直观感知面积的概念，经历选择面积单位进行测量的过程，理解面积的意义，形成量感。

图形的周长教学可以借助用直尺和圆规作图的方法，引导学生自主探索三角形的周长，感知线段长度的可加性，理解三角形的周长，归纳出长方形和正方形周长的计算公式。采用类比的方法，感知图形面积的可加性，推导出长方形和正方形面积的计算公式。在探索的过程中，形成初步的几何直观和推理意识。

图形的位置与运动的教学。尽量选择学生熟悉的情境，通过组织有趣的活动或布置需要较长时间完成的长作业，帮助学生认识平移、旋转和轴对称的现象，感知特征，增强空间观念。

3.第三学段（5～6年级）

（1）内容要求。

①图形的认识与测量。

第一，知道三角形任意两边之和大于第三边；知道三角形内角和是180°。

第二，认识圆和扇形，会用圆规画圆；认识圆周率；探索圆的周长和面积计算公式，能解决简单的实际问题。

第三，知道面积单位平方千米、公顷；探索并掌握平行四边形、三角形和梯形的面积计算公式；会估计不规则图形的面积。

第四，通过实例了解体积（或容积）的意义，知道体积（或容积）的度量单位，能进行单位之间的换算；体验不规则物体体积的测量方法。

第五，认识长方体、正方体和圆柱，了解这些图形的展开图，探索并掌握这些图形的体积和表面积的计算公式，认识圆锥并探索其体积的计算公式，能用这些公式解决简单的实际问题。

第六，对于简单物体，能辨认不同方向（前面、侧面、上面）的形状图。

第七，在图形认识与测量的过程中，进一步形成量感、空间观念和几何直观。

②图形的位置与运动。

第一，能根据参照点的方向和距离确定物体的位置；会在实际情境中描述简单的路线图。

第二，能用有序数对（限于自然数）表示点的位置，理解有序数对与方格纸上点的对应关系。

第三，了解比例尺，能利用方格纸按比例将简单图形放大或缩小。

第四，能在方格纸上进行简单图形的平移和旋转；认识轴对称图形和对称轴，能在方格纸上补全简单的轴对称图形。

第五，能从平移、旋转和轴对称的角度欣赏生活中的图案，能借助方格纸设计简单图案，感受数学美，形成空间观念。

（2）学业要求。

①图形的认识与测量。

探索并说明三角形任意两边之和大于第三边的道理；通过对图形的操作，感知三角形内角和是180°，能根据已知两个角的度数求出第三个角的度数。

会计算平行四边形、三角形、梯形的面积，能用相应公式解决实际问题。

会用圆规画圆，能描述圆和扇形的特征；知道圆的周长、半径和直径，了解圆的周长与其直径之比是一个定值，认识圆周率；会计算圆的周长和面积，能用相应公式解决简单的实际问题。

认识长方体、正方体和圆柱，能说出这些图形的特征，能辨认这些图形的展开图，会计算这些图形的体积和表面积；认识圆锥，能说出圆锥的特征，会计算圆锥的体积；能用相应公式解决简单的实际问题，形成空间观念和初步的应用意识。

能说出面积单位平方千米、公顷和体积单位立方米、立方分米、立方厘米，以及容积单位升、毫升，能进行单位换算，能选择合适单位描述实际问题。

对于简单物体，能辨认不同方向（前面、侧面、上面）的形状图，能把观察的方向与相应形状图对应起来，形成空间观念。

②图形的位置与运动。

能根据指定参照点的具体方向和距离描述物体所处位置；能在熟悉的情境中，描述简单的路线图，形成几何直观。

能在方格纸上用有序数对（限于自然数）确定点的位置，理解有序数对与对应点的关系，形成空间观念。

认识比例尺，能说出比例尺的意义；在实际情境中，会按给定比例进行图上距离与实际距离的换算；能在方格纸上，按给定比例画出简单图形放大或缩小后的图形，形成空间观念和推理意识。

能在方格纸上描述图形的位置，能辨别和想象简单图形平移、旋转后的图形，画出简单图形沿水平或垂直方向平移后的图形，以及旋转90°后的图形；能借助方格纸，了解图形平移、旋转的变化特征。知道轴对称图形的对称轴，能在方格纸上补全轴对称图形，形成推理意识。

对给定的简单图形，能用平移、旋转和轴对称的方法，在方格纸上设计图案，并能说出设计图案与简单图形的关系。

（3）教学提示。

图形的认识与测量的教学。引导学生通过对立体图形的测量，从度量的角度认识立体图形的特征；理解长度、面积、体积都是相应度量单位的累加；通过对平面图形性质的认识，感知数学说理的过程。

图形的认识教学要引导学生经历基于给定线段用直尺和圆规画三角形的过程，探索三角形任意两边之和大于第三边，并说出其中的道理，经历根据"两点间线段最短"的基本事实说明三角形三边关系的过程，形成推理意识。可以从特殊三角形入手，通过直观操作，引导学生归纳出三角形的内角和，增强几何直观。

引导学生运用转化的思想，推导平行四边形、三角形、梯形、圆等平面图形的面积公式，形成空间观念和推理意识。

借助现实生活中的实物，引导学生通过观察、操作等活动，认识长方体、正方体、圆柱、圆锥等立体图形的特征，沟通立体图形之间的联系，如圆柱和圆锥的相同点和不同点，以及平面图形和立体图形之间的关系，增强空间想象能力。引导学生经历体积单位的确定过程，通过操作、转化等活动探索立体图形的体积和表面积的计算方法。让学生借助折叠纸盒等活动经验，认识立体图形展开图，建立立体图形与展开后的平面图形之间的联系，培养空间观念和空间想象力。

圆的教学可以列举生活中的实例，引导学生概括圆的特点，利用圆规画圆，加深对圆的理解。引导学生经历探索周长与直径之比是一个常数的过程，认识圆周率，讲述祖冲之的故事，加深对圆周率和小数数位的理解，了解中国古代数学家的杰出贡献，传播数学中的中华优秀传统文化。让学生借助操作探究和掌握圆的周长和面积公式，解决实际问题。

图形的位置与运动的教学。引导学生通过图形位置的表达，理解坐标的意义；通过图形运动的观察和表达，体会坐标表达的重要性，为未来学习数形结合奠定基础。

图形的位置教学可结合教室里学生的位置、电影院里观众的位置等熟悉的情境，引导学生借助方格纸上的点，用有序数对表示具体的位置。结合现实情境，引导学生根据相对参照点的方向和距离说出物体所处位置，例如，"书店"在"人民广场"北偏东30°方向，距离300米的地方。教学时，可结合所在地的标志性建筑，有条件的学校可以借助信息技术，通过动态演示点的运动帮助学生理解图形位置确定方式的合理性。也可以结合军事演练等素材，渗透国防教育。

图形的运动教学可借助方格纸，引导学生画出简单图形平移、旋转后的图形，以及补全轴对称图形，感受图形变化的特征，动手操作，动脑想象；引导学生会从平移、旋转和轴对称的角度欣赏自然界和生活中的美；引导学生按给定比例将简单图形放大或缩小，通过前后图形的变化，感受比例尺的意义，加深对比、比例的理解。根据学情，可组织剪纸等活动，引导学生了解图案中的基本图形及其变化规律，感知中华优秀传统文化，增强空间观念。鼓励学生在欣赏的基础上学会创作设计，可以通过制作数学板报的形式，呈现学生的创作成果，增强其应用意识和创新意识。

（三）统计与概率

统计与概率是义务教育阶段数学学习的重要领域之一，在小学阶段包括"数据分类""数据的收集、整理与表达"和"随机现象发生的可能性"三个主题。这些内容分布在三个学段，由浅入深，相互联系。学生在学习过程中，了解统计与概率的基础知识，感悟数据分析的过程，形成数据意识。

"数据分类"的本质是根据信息对事物进行分类。学生经历从事物分类到数据分类的过程，感悟如何根据事物的不同属性确定标准，依据标准区分事物，形成不同的类。在学习统计图表时，学生将进一步认识数据的分类，从中感悟对事物共性的抽象过程，不仅为统计学习，也为数学学习奠定基础。

"数据的收集、整理与表达"包括数据的收集，用统计图表、平均数、百分数表达数据。在学习过程中，让学生初步感受现实生活中存在大量数据，其中蕴含着有价值的信息，利用统计图表和统计量可以呈现和刻画这些信息，形成初步的数据意识。

"随机现象发生的可能性"是通过试验、游戏等活动，让学生了解简单的随机现象，感受并定性描述随机现象发生可能性的大小，感悟数据的随机性，形成数据意识。

1. 第一学段（1～2年级）

（1）内容要求。会对物体、图形或数据进行分类，初步了解分类与分类标准的关系，形成初步的数据意识。

（2）学业要求。能依据事物特征，按照一定的标准进行分类；能发现事物的特征并制定分类标准，依据标准对事物分类；能用语言简单描述分类的过程；感知事物的共性和差异，形成初步的数据意识。

（3）教学提示。数据分类的教学。要重视对接学生学前阶段已有的生活经验，鼓励学生在活动中学会物体的简单分类，在亲身参与的动手活动中感悟分类的价值，在分类的过程中认识事物的共性与区别，学会分类的方法。鼓励学生运用文字、图画、表格等方式记录并描述分类的结果，体会如何用数学语言表达现实世界，形成初步的数据意识，为后续学习统计中的数据分类打好基础。

2. 第二学段（3～4年级）

（1）内容要求。

①经历简单的数据收集和整理、描述和分析的过程，了解简单的收集数据的方法，会呈现数据整理的结果。

②通过对数据的简单分析，感受数据蕴含的信息，体会运用数据进行表达与交流的作用。

③认识条形统计图，会用条形统计图合理表示和分析数据。

④能读懂报纸、电视、互联网等媒体中的简单统计图表。

⑤探索平均数的意义，能解决有关的简单实际问题。

⑥能在简单的实际情境中，合理应用统计图表和平均数，形成初步的数据意识和应用意识。

（2）学业要求。

能收集、整理具体实例中的数据，并用合适的方式描述数据，分析与表达数据中蕴含的信息。能用条形统计图合理表示数据，说明数据的现实意义。

知道用平均数可以刻画一组数据的集中趋势，知道平均数的统计意义；知道平均数是介于最大数与最小数之间的数，能描述平均数的含义；能用平均数解决相关的简单实际问题，形成初步的数据意识和应用意识。

（3）教学提示。

数据的收集、整理与表达的教学。创设真实情境，引导学生经历简单的数据收集和整理过程，感悟收集数据的意义和方法，用数学语言表达数据所蕴含的信息，形成初步的数据意识。

条形统计图教学要通过现实背景，让学生理解条形统计图中横轴和纵轴的意义及二者之间的关联，知道条形统计图的主要功能是表达数量的多少，借助条形统计图可以直观比较不同类别事物的数量。

平均数教学要引导学生在熟悉的情境中理解平均数所具有的代表性，通过刻画一组数据的集中程度表达总体的集中状况。例如，通过某篮球运动员平均每场得分、某地区玉米或水稻的平均亩产、某班级学生的平均身高等几个例子，使学生理解平均数的意义；也可以让学生经历收集体现社会发展或科技进步数据的过程，使其初步体会平均数的统计意义，形成初步的数据意识。

3. 第三学段（5～6年级）

（1）内容要求。

①数据的收集、整理与表达。

第一，根据实际问题需要，经历数据收集、整理和分析的过程，能合理述说数据分析的结论。

第二，认识折线统计图、扇形统计图；会用条形统计图、折线统计图呈现相关数据，解释所表达的意义。

第三，能从各种媒体中获得所需要的数据，读懂其中的简单统计图表。

第四，结合具体情境，探索百分数的意义，能解决与百分数有关的简单实际问题，感受百分数的统计意义。

第五，在简单的实际情境中，应用统计图表或百分数，形成数据意识和初步的应用意识。

②随机现象发生的可能性。

第一，通过实例感受简单的随机现象及其结果发生的可能性。

第二，在实际情境中，对一些简单随机现象发生可能性的大小作出定性描述。

（2）学业要求。

①数据的收集、整理与表达。

能根据问题的需要，从报纸、杂志、电视、互联网等媒体上获取数据，或者通过其他合适的方式获取数据，能把数据整理成条形统计图、折线统计图，知道条形统计图、折线统计图和扇形统计图的功能，能解释统计图表达的意义，能根据结果作出简单的判断和预测。能在真实情境中理解百分数的统计意义，解决与百分数有关的简单问题。能在认识及应用统计图表和百分数的过程中，形成数据意识，发展应用意识。

②随机现象发生的可能性。

能列举生活中的随机现象，列出简单随机现象中所有可能发生的结果，判断简单随机现象发生可能性的大小。对于现实生活中的一些简单问题，能根据数据提供的信息，判断随机现象发生的可能性。

（3）教学提示。

数据的收集、整理与表达的教学。从实际情境和真实问题入手，引导学生在条形统计图的基础上，进一步学习统计图；在平均数的基础上，进一步学习百分数。在这样的过程中，使学生了解数据的随机性。

折线统计图教学要引导学生理解折线统计图的主要功能是表达数据的变化趋势。例如，表达中国高速铁路运营里程的逐年增长、某学生身高的逐年增长、某地区一个月最高温度的变化等。体会折线统计图与条形统计图的区别，知道针对不同问题应选择合适的表达方式，逐步感知统计学基于合理性的价值判断准则。有条件的学校可以利用信息技术处理数据、绘制统计图。

百分数教学要引导学生知道百分数是两个数量倍数关系的表达，既可以表达确定数据，如饮料中果汁的含量、税率、利息、折扣等，也可以表达随机数据，如某篮球运动员罚球命中率。建议将现实问题中的随机数据引入百分数的学习，帮助学生了解百分数的统计意义，了解利用百分数可以认识现实世界中的随机现象，作出判断、制定标准。同时，引导学生了解扇形统计图可以更好地表达和理解百分数，体会百分数中部分与整体的关系。

随机现象发生的可能性的教学。引导学生在自然界和生活的情境中感受简单的随机现象，如下周三是否是晴天，从家到学校所需要的时间，知道在现实世界中随机现象普遍存在；感知随机现象的基本特征，可能发生也可能不发生，可能以这样的程度也可能以那样的程度发生。让学生感知，许多随机现象发生可能性的大小是可以预测的。例如，一个袋子里装有若干不同颜色的球，学生通过有放回地摸球试验记录，感受数据的随机性，判断各种颜色球的多与少，发展数据意识。

（四）综合与实践

综合与实践是小学数学学习的重要领域。学生将在实际情境和真实问题中，运用数学和其他学科的知识与方法，经历发现问题、提出问题、分析问题、解决问题的过程，感悟数学知识之间、数学与其他学科知识之间、数学与科学技术和社会生活之间的联系，积累活动经验，感悟思想方法，形成和发展模型意识、创新意识，提高解决实际问题的能力，形成和发展核心素养。

综合与实践主要包括主题活动和项目学习。本书讨论的三个学段主要采用主题式学习，其中第三学段可适当采用项目式学习。

主题活动分为两类：第一类，融入数学知识学习的主题活动。在这类活动中，学生将学习和理解数学知识，感悟知识的意义，主要涉及量、方向与位置、负数等知识的学习。第二类，运用数学知识及其他学科知识的主题活动。在这类活动中，学生将综合运用数学知识解决问题，体会数学知识的价值，以及数学与其他学科的关联。

在主题活动中，学生将面对现实的背景，从数学的角度发现并提出问题，综合运用数学和其他学科的知识与方法，分析并解决问题。

项目式学习的设计以解决现实问题为重点，综合应用数学和其他学科知识解决问题，体会数学知识的价值，以及数学与其他学科的关联。

在以下三个学段的表述中，为了便于理解，分别列举了主题活动和项目学习的名称及具体活动内容，仅供参考。在教材编写或教学设计时，可以使用不同的主题名称，设计不同的活动内容，但要关注主题内容的选取和学生的接受能力，达到主题活动的内容要求和学业要求。

1.第一学段（1～2年级）

（1）内容要求。

第一学段综合与实践的主题活动，涉及"认识货币单位，认识时间单位时、分、秒，认识东、南、西、北四个方向"等知识的学习，关注幼小衔接，帮助学生积累数学活动经验。

主题活动 1：数学游戏分享

在具体情境中，回顾自己在学前阶段经历的与数学学习相关的活动，唤起数学学习感性认识和学习经验，激发进一步学习数学的兴趣，尝试运用与数学学习相关的词语，逐步养成学习数学的良好习惯。

主题活动 2：欢乐购物街

在实际情境中认识人民币，能进行简单的单位换算，了解货币的意义，具有勤俭节约的意识，形成初步的金融素养。

主题活动 3：时间在哪里

在生活情境中认识时、分、秒，结合生活经验体会并描述时间的长短，了解时间的意义，懂得遵守时间。

主题活动 4：我的教室

在日常生活情境中，会用上、下、左、右、前、后描述物体的相对位置；认识东、南、西、北四个方向。形成初步的空间观念。

主题活动 5：身体上的尺子

运用学过的测量长度的知识，发现自己身体上的一些"长度"；以这些"长度"作为单位，测量空间或其他物体，积累测量经验，发展量感。

主题活动 6：数学连环画

结合自己的生活，运用学过的数学知识记录自己的经历，或讲述一个含有数学知识的小故事，表达对数量关系的理解，感受数学知识与现实生活的联系。

（2）学业要求。

能够积极参与活动，在活动中能主动表达，并与他人交流，加深对数学知识的理解，感悟数学知识与现实生活的联系，发展对数学的好奇心，提升学习数学的兴趣，初步获得一些数学活动经验。

数学游戏分享：能比较清晰地描述幼儿园和学前生活中的数学活动内容，比较准确地表达自己对数、数量、图形、方位等数学知识的理解；能说明或演示自己玩过的数学游戏内容和规则，在教师的协助下能带领同伴一起玩这些数学游戏。

欢乐购物街：积极投入模拟购物活动，能清晰表达和交流信息，认识元、角、分，知道元、角、分之间的关系；会在真实或模拟的情境中合理使用人民币；在教师的指导下能够反思并述说购物的过程，积累使用货币的经验；形成对货币多少的量感和初步的金融素养。

时间在哪里：认识时、分、秒，能说出钟表上的时间；了解时、分、秒之间的关系，能结合生活经验体会时间的长短；能将生活中的事件与时间建立联系，感悟时间与过程之间的关系；形成对时间长短的量感，懂得遵守时间的重要性。

我的教室：会用上、下、左、右、前、后描述现实生活中物体的相对位置；会用东、南、西、北描述物体所在的方向；给定东、南、西、北四个方向中的一个方向，能辨别其余三个方向；了解物体间位置、方向的相对性，形成初步的空间观念。

身体上的尺子：能运用测量长度的知识，了解身体上的一些"长度"；能利用身体上这些"长度"测量教室以及身边某些物体的长度；能记录测量的结果，能与他人交流、分享测量的经验，发展量感。

数学连环画：能简单整理学过的数学知识，思考如何运用数学知识记录自己的经历；能结合生活经验或者通过查阅资料，编写含有数学知识的小故事；能用自己的语言表达数学连环画中数学知识的意义及蕴含的数量关系，能理解他人数学连环画中的数学信息及关系，学会数学化的表达与交流。

（3）教学提示。

为使学生更好地完成从幼儿园阶段到小学阶段的过渡，在学生入学的第1～2周安排"数学游戏分享"主题活动。学生通过介绍自己幼儿园生活中经历的数学活动，表达自己在幼儿园数学活动中的收获，分享在幼儿园玩过的数学游戏，邀请同伴一起做这些数学游戏，衔接幼儿园与小学生活，顺利开始小学数学的学习。

本学段的综合与实践，涉及货币、时间等常见量的认识，以及方向、位置的学习。应当在具体活动中，引导学生知道货币价值、了解时间意义、辨别方向和位置，丰富量的体验，形成初步的量感和空间观念，初步积累数学活动经验。

作为综合与实践活动，教学目标除了包含对常见的量的数学知识要求，还要求关注学生活动经验的获得和情感态度的发展。例如，主题活动"欢乐购物街",不能将其教学目标仅聚焦在"认识人民币,能进行简单的单位换算",还应考虑将"积极投入模拟购物活动,能清晰表达和交流信息""会在真实或模拟的情境中合理使用人民币""能够反思并述说购物的过程""形成对货币多少的量感和初步的金融素养"等作为该主题活动的教学目标。

主题活动的设计提倡多学时的长程学习,可以根据实际情况灵活设计活动内容和形式,这种方法有助于学生加深对知识的理解,积累基本活动经验。例如,针对主题活动"欢乐购物街"的开展,可以设计4学时完成:第1学时回顾生活经验,认识人民币;第2~3学时筹备、开展购物活动,可以与学校"数学节"或其他学科的教学活动整合;第4学时反思、评价购物活动的收获,积累反思与交流的经验,拓展金融知识。

主题活动的实施要有利于学生的参与和体验。指导应面向全体,全程跟进,关注学生的参与情况,包括获得了什么样的体验,如何与他人交流,需要怎样的帮助;指导学生反思与交流活动,引导学生描述感受、表达收获、总结发现。

主题活动的评价是综合与实践的重要组成部分,应当关注过程性评价,对照主题活动的教学目标确定评价方式,不仅要关注学生对教学内容的掌握情况,还要关注学生参与活动的程度。例如,开展"欢乐购物街"活动之前要了解学生已有的购物经验,确定学生的课前知识基础和经验。第1学时,评价学生认识人民币的情况;第2~3学时,设计学生自评工具,指导学生关注自身的活动过程;第4学时,可组织学生进行反思、互评。

主题活动内容的确立可参照以上案例,依据本学段数学知识的内涵、在生活中的应用,以及与其他学科知识的关联,自主设计形式多样、富有趣味的活动,如纸的厚度、神奇的七巧板、最喜欢的故事书等,帮助学生加深对数学知识的理解,体会数学与现实生活的联系。

2.第二学段(3~4年级)

(1)内容要求。

第二学段综合与实践的主题活动,涉及"认识年、月、日,认识常用的质量单位,认识方向"等数学知识的学习,在活动中综合运用数学和其他学科知识解决问题。

主题活动1:年、月、日的秘密

知道24时计时法；认识年、月、日，知道它们之间的关系；能运用年、月、日的知识解释生活中的问题，提高初步的应用意识。了解中国古代如何认识一年四季，了解中华优秀传统文化。

主题活动2：曹冲称象的故事

以"曹冲称象"故事为依托，结合现实素材，感受并认识克、千克、吨，以及它们之间的关系，感受等量的等量相等，发展量感和推理意识，积累数学活动经验。

主题活动3：寻找"宝藏"

在生活情境中，认识东北、西北、东南、西南四个方向，了解"几点钟方向"，会描绘物体所在的方向，发展空间观念。

主题活动4：度量衡的故事

知道中国在秦朝统一了度量衡，指导学生查阅资料，理解度量衡的意义，知道最初的度量方法都是借助日常用品，加深对量和计量单位的理解，丰富并发展量感。

（2）学业要求。

能够积极参与活动，在活动中能独立思考问题，主动与他人交流，加深对数学知识以及数学与其他学科关联的理解；经历解决简单实际问题的过程，提高应用意识，积累数学活动经验，感悟数学的价值。

年、月、日的秘密：知道24时计时法与钟表上刻度的关系，能用24时计时法表示时间；知道年、月、日之间的关系，以及相关的简单历法知识；知道一年四季的重要性，了解中国古代是如何通过土圭之法确定一年四季的，培养家国情怀。

曹冲称象的故事：知道"曹冲称象"的故事，形成问题意识。能结合现实素材，感受并认识克、千克、吨，能进行简单的单位换算；理解"曹冲称象"的基本原理是等量的等量相等，能针对具体问题与他人合作制订称重的实践方案，并能在执行方案的过程中不断反思，丰富度量的活动经验。

寻找"宝藏"：在认识东、南、西、北的基础上，能在平面图上认识东北、西北、东南、西南四个方向；能描绘图上物体所在的方向，判断不同物体所在的方向，以及这些方向之间的关联；能把这样的认识拓展到现实场景中，在简单的实际情境中正确判断方位；进一步理解物体的空间方位及物体之间的位置关系，发展空间观念。

了解用"几点钟方向"描述方向的方法及其主要用途，能在现实场景中尝试以站立点为正中心（圆心），以钟表盘 12 个小时的点位来说明方向。

能尝试设计符合要求的藏宝图，能从他人的藏宝图中发现、提取信息并解决问题，提高推理意识。

度量衡的故事：会查找资料，理解度量衡的意义，提升学习的意识与能力；了解最初的度量方法都是借助日常用品，理解度量的本质就是表达量的多少，知道计量单位是人为规定的；了解计量单位的发展历史，知道科学发展与度量精确的关系；在教师指导下，能对不同的量进行分类、整理、比较，丰富并发展量感。

（3）教学提示。

第一学段的主题活动，侧重认识日常生活中最常见的量，例如，元、角、分等人民币的量，时、分、秒等时间的量，以及认识东、南、西、北四个方向。第二学段的主题活动，不仅要让学生认识度、量、衡等更为广泛的量，认识年、月、日等更为一般的时间概念，认识八方，还要引导学生尝试用学过的知识解决应用性的数学问题和简单的实际问题，体会数学的价值，提升应用意识；引导学生查阅相关资料，知道中国古代那些与量有关的概念的由来，培养家国情怀，积累学习经验。

主题活动的设计可以考虑问题引领的形式。例如，"曹冲称象的故事"可以从故事引入，引发学生的好奇心和探究的欲望，在理解质量单位的基础上，思考如何运用"总量等于各分量之和"称出一个庞然大物的质量，感知"等量的等量相等"这一基本事实，感悟如何用数学的思维思考现实世界。

与第一学段相同，第二学段也可以设计长程活动，引导学生主动参与、查阅资料、深入思考、得出结论，经历探求解决问题策略的过程，丰富数学学习的经验。例如，针对"曹冲称象的故事"主题活动，可设计 5 学时完成：第 1 ～ 2 学时，可以联系学生对物体质量的感觉，帮助学生在体验活动中理解质量单位的意义，了解一些测量物体质量的工具；第 3 ～ 4 学时，可以从"曹冲称象"的故事入手，让学生经历测量物体质量的过程，提出如何测量庞然大物质量的问题，鼓励学生探究度量的策略，培养学生的想象力；第 5 学时，鼓励学生回顾与反思主题活动的过程，分析度量策略的数学原理，感悟两个基本事实，以及如何基于这两个基本事实思考现实世界。

主题活动的评价。在第一学段强调关注过程性评价的基础上，还可以增加关注创新性评价。需要注意的是，只要策略和方法是学生独立或小组讨论得到的，对于学生而言，这样的策略和方法就是创新，就应当予以鼓励。要引导学生经历克服困难获得成功的过程，鼓励学生个体和小组在解决问题的过程中提出独特的策略和方法，激发创造的热情，形成创新意识。

活动实施的保障。对于一些复杂的操作性活动，需要认真准备活动实施所需要的设施，如"曹冲称象的故事"，需要提前收集与质量度量相关的素材，作为学生探究的补充资源；需要准备不同的测量工具，让学生感悟其中的共性和差异；需要了解学生称重实践可能需要的物品（如设计缩小版的"称象"学具）；等等。

第二学段的主题活动涉及综合性、实践性较强的跨学科内容，需要多学科教师协同教学，统筹设计与实施。

与第一学段相同，第二学段也可以自行设计主题活动的内容，但要指向综合数学知识、融合其他学科知识的实际情境和真实问题，设计具有操作性的活动。如制订旅游计划、"你有多少根头发"、学校中的数学等，引导学生感受数学与其他学科的联系，以及在解决实际问题中的作用，提高其应用意识。

3.第三学段（5～6年级）

（1）内容要求。

第三学段综合与实践包括主题活动和项目学习，涉及"了解负数"等数学知识的学习，在活动中综合运用数学及其他学科知识解决问题，提高学生的应用能力。

主题活动1：如何表达具有相反意义的量

在熟悉的情境中了解具有相反意义的数量，知道负数在情境中表达的具体意义，感悟这些负数可以表达与正数意义相反的量，进一步发展数感。

主题活动2：校园平面图

在实际情境中，综合应用比例尺、方向、位置、测量等知识，绘制校园平面简图，标明重要场所；交流绘制成果，反思绘制过程，形成初步的应用意识和创新意识。

主题活动3：体育中的数学

收集重大体育赛事的信息、某项体育比赛的规则、某运动员的技术数据等素材，提出数学问题，设计问题解决方案；在问题解决的过程中，形成发现、提出、分析、解决问题的能力。

项目学习1：营养午餐

调查了解人体每日营养需求，几类主要食物的营养成分，感受合理膳食的重要性；调查学校餐厅或自己家庭一周午餐食谱的营养构成情况，提出建议；开展独立活动或小组活动，设计一周合理的营养午餐食谱；形成重视调查研究、合理设计规划的科学态度。

项目学习2：水是生命之源

调查了解生活中人们使用淡水的习惯及用量，结合淡水资源分布、中国人均淡水占有量、城市生活用水的处理等信息，发现、提出并解决问题；制订校园或家庭节水方案，尝试设计节水工具或方法，提高环保意识，形成初步的应用意识和创新意识。

（2）学业要求。

能够积极参与活动，在活动中能独立思考问题，主动与他人交流，经历实地测量、收集素材、调查研究、解决问题的过程，提升思考问题的能力，积累根据解决问题的需要合理选择策略和方法的经验，形成模型意识与初步的应用意识和创新意识。

如何表达具有相反意义的量。在真实情境中，通过具体事例体会相反意义的量，如温度、海拔等，能表达具体情境中负数的实际意义，能通过对多个事例的归纳、比较，感悟负数可以表达与正数相反意义的量。

校园平面图。结合本校校园的实际情况，能制订比较合理的测量方案和绘图比例；能理解所需要的数学和其他学科的知识，在教师指导下，积极有序展开测量；能按校园的方位和场所的位置，依据绘图比例绘制简单的校园平面图；能解释绘图的原则，在交流中评价与反思；提升规划能力，积累实践经验。

体育中的数学。能结合自己的兴趣，确定所要研究的关于体育的内容与范围；会查找相关资料，提出有价值的数学问题；在教师指导下，能与他人交流合作，运用数学或其他学科的知识解决问题；能积极参与小组间的交流，说明自己小组的问题解决过程，理解其他小组所解决的问题和问题解决的思路；感悟数学在体育中的作用，提高学习数学的兴趣。

营养午餐。在对人体营养需求和食物营养物质的调查研究中，进一步理解百分数的意义；会用扇形统计图整理调查结果，分析如何实现营养均衡；经历一周营养午餐食谱的设计过程，感悟在实际情境中方案的形成过程；形成重视调查研究、合理设计规划的科学态度。

水是生命之源。能合作设计生活中用水情况的调查方案，并展开调查，在调查中进一步优化方案；会查找与淡水资源相关的资料，从资料和实地走访中筛选需要的信息，提出问题，确定解决问题的思路，提高应用意识；根据问题解决中的发现和收获，制订节水方案，尝试设计节水工具或方法，培养创新意识；在问题解决中加深对水资源保护与利用等社会问题的关注与理解。

（3）教学提示。

学生在主题活动中学习某些数学知识，运用数学和其他学科的知识与方法解决问题。在"如何表达具有相反意义的量"中，借助气温、海拔等事例了解负数表达的实际意义。在"校园平面图"中，通过实际操作、小组合作等方式，运用测量、画图等方法解决问题。在"体育中的数学"中，可以与体育课相结合，记录、整理和呈现某些体育项目活动中的数据，从中发现问题、解决问题。第三学段应引导学生经历数学应用的一般性过程，包括有价值数学问题的提出、解决问题策略和方法的探究、数学结论现实意义的合理解释等，体会数学的价值和思想方法，提高创新意识和应用意识。

"营养午餐""水是生命之源"，可按照项目式学习的方式进行活动设计。学生可分组，发现、提出与"项目"相关的问题，分工协作完成计划，反思交流问题解决中的收获、感悟。例如，"营养午餐"作为项目式学习，应当遵循项目式学习的要求，对问题进行完整的设计和规划。其中包括知道人体所需的各种营养物质，甚至还要知道这些营养物质的作用；需要知道各种食物所含营养物质的比例；需要调查并分析学校食堂或自己家庭午餐的营养状况；需要用统计图表整理调查结果，可以用百分数表达相应数据，用扇形统计图呈现各自所占比例。

学生需要分工协作完成调查分析。如上所述，所要调查分析的内容很多，为了保证活动的实效性，教师需要组织学生分组活动，分工负责，以长程活动的方式进行，最后归纳总结。可设计 6 学时完成"营养午餐"的学习。其中第 1～2 学时，分别调查了解人体所需要的营养物质和几种主要食品所含营养物质，计算相应的百分数，看懂相应的扇形统计图；第 3～4 学时，收集学校食堂或自己家庭一周的午餐食谱，分析其中的营养成分，进行类似的统计分析；第 5 学时，综合所有数据，分析午餐营养与人体所需营养之间的关系，小组之间进行交流，达成人体对午餐所需营养的共识；第 6 学时，把学校或自己家庭午餐营养统计数据与达成的共识进行比较，提出改进建议，并且设计一周的营养午餐，小组之间进行交流。

这样的项目式学习，可以采用"课内＋课外、校内＋校外、集中＋分散"等灵活方式进行，调动学生的自主性，指导学生综合运用知识，开展有目的、有设计、有步骤、有合作、有反思的实践活动，培养学生解决实际问题的兴趣和能力，培养模型意识。

除上述主题内容外，还可以结合中华优秀传统文化以及与学生密切相关的校园生活、社会生活选择内容，如垃圾回收与利用、身边的一棵树、城市公共交通路线图、寻找黄金分割点等，以保证不同基础、不同需求的学生都可以参与活动，普遍提高学生学习数学的兴趣、应用意识和创新意识。

第二节　小学数学课程的育人价值

数学学科作为学校教育的内容之一，设立的根本依据是人的成长。学生的发展以及各种社会实践活动都需要数学知识。数学学科以育人为目的。从数学学科的育人价值来看，数学知识对学生的发展具有重要的价值，是数学智育的集中体现；数学学科丰富的思想、方法、策略、逻辑思维对学生思考和解决问题能力的培养具有积极的作用；数学还具有独特的学科美感，对学生发现、欣赏、表现美的能力的培养具有潜移默化的作用。小学数学课程育人价值的实现有其必要性和策略，具体如下：

一、小学数学课程育人价值实现的必要性

（一）学生发展的需要

从学生的角度来看，小学数学课程育人价值的实现就是学生将小学数学课程不断内化，满足自身成长、发展需要。小学数学课程育人价值的实现是教育工作者通过一系列教学活动来满足学生的发展需要。

第一，小学数学课程育人价值的实现以学生发展需要为起点和终点。小学数学课程育人价值的实现以深入了解学生发展状况和发展需要为出发点，不仅了解学生目前的数学发展水平，还了解学生适应未来社会需达到的数学水平，从而明确学生发展的需要。小学数学课程育人价值的实现也可以看作小学数学课程的育人价值转化为现实的价值，也就是小学数学课程内容被学生接受，在此过程中，学生的发展需要被逐步满足。

小学数学课程育人价值的实现使学生的数学知识体系更加完善，抽象思维能力得到培养和提升，形成良好的数学素养，最终促使学生全面发展。因此，满足学生发展需要也是小学数学课程育人价值实现的最终目的。在小学数学课程育人价值实现过程中，满足学生的发展需要贯穿始终。

第二，小学数学课程育人价值实现的目的不是直接创造更多的数学资源，而是满足学生的发展需要。小学数学课程育人价值的实现是学生学习数学知识，获得数学思想、方法等，提升数学能力和数学素养的过程。

第三，小学数学育人价值的实现是生命自觉的实现。叶澜认为，教育就是"教天地人事，育生命自觉"。在小学数学教学过程中，学生面对同样的教学内容、形式、模式等，而不同的学生却获得了不同的发展。由此看来，小学数学育人价值的实现也是生命自觉的实现。小学数学课程在不断实现育人价值的同时，还不断生成新的育人价值，学生在这种价值增值的过程中能够获得自身的发展。

（二）小学数学学科发展的需要

小学数学学科的发展需要充分挖掘和发挥该学科的育人价值。

1.深入挖掘教科书的育人价值

小学数学学科的发展需要充分挖掘教科书的育人价值。应分析和把握教

科书内容的组织与编排。小学数学学科内容的组织、编排遵循了各年龄阶段学生身心发展规律，充分考虑了他们的兴趣、需要和经验背景，充分体现了以人为本，具有丰富的育人价值。在实际教学中，教师应充分挖掘小学数学学科知识内容背后隐藏的育人价值，并充分发挥其育人价值，促进学生发展。这样也有利于该学科的发展。

2.重视数学文化的育人价值

小学数学学科的发展需要充分重视数学文化的价值。数学文化主要包括数学史、数学美、数学语言、数学思想和方法、数学精神等。在教学中，教师应注意数学文化的渗透，不仅要讲数学故事，还有注意让学生掌握其他方面的数学文化。数学文化内容经常被安排在课时教学内容或单元教学内容的结尾，很容易被学生忽视，教师应引导学生充分重视。

在教学过程中，数学文化更多地作为知识拓展内容呈现，通常不作为考查的重点内容。一些教师在数学文化部分的教学中，通常运用以下教学方式：第一，将数学文化内容的学习安排为课后任务，要求学生课下完成。第二，对数学文化内容的学习要求较为宽松，通常要求"了解"即可，在课堂上让学生读一读，看一看，不做进一步巩固处理。这样，学生不会足够重视这部分内容，对此掌握得也不会太好。因此，教师应让学生提前预习，掌握相关知识，做好准备，教师和学生一起在课堂中合作学习，让学生充分理解并掌握数学文化内容。

（三）教师自身发展的需要

小学数学课程育人价值的实现是学生发展和学科发展的必然要求，也是小学教师专业提升的重要保障。小学数学学科育人价值的实现能够满足教师自身发展的需要。

1.促进教师专业成长

数学教师是数学教学活动的设计和实施主体，在教学活动各方面都十分重视育人价值的挖掘和实现，如教学案例的设计、教学资源的开发、课堂活动的安排、作业的布置和批改等。通过教学活动，学生的发展需要得到充分重视和满足，数学学科的育人价值可以转化为现实价值，这对教师的教学能力提出了更高的要求。数学学科育人价值转化为现实价值的过程也是教师专业成长的过程。在专业成长过程中，小学数学教师的数学知识更加丰富，数学研究视野更加开阔，在面对数学问题时可以站在更高的视角去审视问题，并用更为有效的方法来解决问题；小学数学教师将自己的教育理论知识与教育教学经验有机结合，用理论指导教学实践，通过教学实践巩固教学理论，提升教育教学能力。此外，随着科学技术的发展和多媒体教学的推广，数学教学的内容和形式发生了重大改变，因此数学教师要不断充实自己，坚持与时俱进，根据教育教学实际需求，熟练运用信息技术进行教学，实现教学资源的优化，提高教学质量。

小学数学教师在学科育人价值实现的过程中扮演着十分重要的角色，不仅是数学教学的实施者、数学知识的传播者，也是数学学科的研究者。教师需要研究并挖掘小学数学学科的育人价值；研究学生的数学学习情况及后续发展需求；研究教学过程、教学方法等，并通过反思促进学科教学的发展；研究数学教学资源的开发及运用，实现教育教学资源价值的最大化；等等。小学数学教师通过数学学科研究，能够提高研究能力和教学能力，受益良多。

2.提高教师综合素质

小学数学教师在学科育人价值实现过程中，责任意识进一步增强，对数学教学有了更深层次的认识。小学数学教师要加强对教学理论的学习，并多向有经验的教师请教，加强教育教学交流探讨，在教学过程中也可以向学生学习，做到教学相长，不断提高自身的学习能力和专业技能。当然，仅凭个别小学数学教师的力量很难实现学科育人价值，这就需要教学团队成员的积极参与和共同奋斗，教师要具备团队合作精神，这也是教师综合能力的一种体现。此外，教师与学生的关系应该是平等的，师生之间应该是伙伴关系和合作关系。在数学教学中，教师应该为学生营造一种轻松愉悦的学习氛围，师生之间进行友好互动和平等交流，保持学生对数学学习的热情和积极性，这不仅有利于学生学习效率的提升，还可以提升教师的人际交往能力和语言表达能力，提升教师管理学生和驾驭课堂的能力。

总之，小学数学学科育人价值的实现在很大程度上促进了教师专业能力的提升，有利于教师综合素质的提升。

二、小学数学教科书中的育人价值

（一）小学数学中的智育价值

不少教师片面地认为智育就是知识教育，这在很大程度上导致了数学教育实践中过分偏重知识教育。智育顾名思义就是智慧的教育，除了知识教育之外，还包括能力教育和智力教育。智育心理理论认为，广义的知识包含了陈述性知识（就是人们所谓的"知识"，也称狭义知识）、程序性知识和策略性知识。陈述性知识是用于回答"是什么"的知识，指的是教学中所讲述的基础知识。程序性知识反映的是知识与外部事物的联系，也就是日常教学中所讲述的基本技能。而策略性知识体现的是学生的智力和能力，是对内调控的知识。

小学数学教学既要传授学生数学知识，又要培养学生的智力。例如，数学的基本定理、运算、图形等属于数学知识的培养，而教材中趣味习题的设计则更加注重锻炼学生的思维能力和智力。学生通过数学知识的学习，将基础知识与思维能力相结合，使学生的智力、思考能力都得到有效提升，同时，学生理解问题、分析问题、解决问题的能力也会在实践中不断发展。

1.小学数学对学生知识的培养的规划

数学学科的发展对于社会的进步和人类文明的发展有着重大作用。小学数学课程虽然难度不高，知识相对来说比较容易，但是对于学生而言，小学数学的学习不仅仅是知识层面的学习，还侧重对所学知识的运用，这也是小学数学教育的价值所在。《义务教育数学课程标准（2022年版）》中就把"应用意识"作为该标准中的关键词，可以从以下三点入手进行考量：第一，是否能够认识到实际生活中存在大量的数学信息；第二，有没有运用数学方法解答实际生活问题的能力；第三，能不能运用数学策略来解决实际生活中的难题。基于这一标准，小学数学教学更应该重视对学生应用意识的培养，教会学生掌握数学知识的同时，还要有运用数学思维和数学方法解决现实问题的能力。小学数学中的知识教学包含四大模块，分别是"数与代数""图形与几何""统计与概率""综合与实践"，这四大模块有针对性地培养了学生四种相应的知识运用能力。

2.小学数学对学生智力的培养

《义务教育数学课程标准（2022年版）》提出了四大知识模块，还提出了学习课程标准的一些要求，包括数感、符号意识、空间观念、几何直观、数据分析观念、运算能力、推理能力、模型思想、应用意识、创新意识等。这就要求小学生通过数学学习，具备一定的数学感知能力，在具体的情境中可以运用数学方法来表达信息和解释问题。

3.小学数学对学生能力的培养的规划

学生知识技能的习得与学习能力的发展并不是同步进行的，两者的获取时间和难度存在很大区别。知识和技能可以在短时间内习得，并可以通过强化训练得到进一步巩固，但是学生学习能力的发展则需要一个漫长的过程。从这一角度来说，学生数学学习能力的训练尤其需要重视。以现行上海版小学数学教科书教材设计为例，其在内容设计上采用螺旋上升的体系，根据学生的年龄特点和认知规律，将数学知识按照难易程度分散设计在十册教科书中，这是二期课改教材对学生能力提升做出的十分重要的改变，也是区别于一期课改教材最明显的标志。螺旋式教材编排与传统的版块式教材编排有着很大的不同，螺旋式教材排列要求课程内容要在教材设计的不同时段重复出现，并且每次出现都要在之前的基础上拓展深度和广度，增加知识难度，既有利于巩固旧知识，也便于在此基础上拓展新内容。螺旋式课程设计符合儿童思维方式的发展规律，随着年级的增长，数学教育不断拓展深化学科基本结构，让学生在螺旋式的认知中不断习得知识、不断提升数学能力。

根据教科书的编排顺序，数学教学活动可以为学生学习、思考、观察、探索等提供充分的空间，在学习活动中掌握归纳、类比、实验等数学方法，提高学生的学习积极性，促进学生数学能力的提升。

（二）小学数学中的德育价值

苏霍姆林斯基认为，"少年期和青年早期，是个性在智力方面、道德方面和社会思想方面自我形成的年龄期。"[①]学科教育的内在使命就是培养具

---

① 苏霍姆林斯基.给教师的建议（2版 修订版）[M].杜殿坤，译.北京：教育科学出版社，1984：347.

有优良道德的学生。德育的最终目的，就是让受教育者明白自己应该成为一个怎样的人。教育应当以提高学生综合素质、培养道德优良的学生为出发点和落脚点，这就要求教育工作者要始终坚持为学生服务的意识。

数学是研究客观世界的一门学科，数学学科存在的价值在于培养学生的数学技能、塑造学生的数学精神，让学生在数学精神的引领下进行创造性探索，为客观世界的改造作出积极贡献。陈志强教授在《论数学教育育人功能的发掘和发挥》一文中也指出："相对于数学的工具品格而言，其文化品格所体现的育人功能通常是隐性的，它主要包括培养辩证思维能力、培养爱国主义精神、塑造健全人格和培养美学素养。"

小学教材主题主要由相关概念论述、基本概念和相关知识以及相关道德论述共同组成。其中，对基本概念和相关知识的掌握是学生学习小学教材的基础，在相关知识学习基础上获得一定数学能力是小学教材的核心，思想品德教育则是小学数学教育的核心和灵魂。在具体的教学实践中，很大一部分小学数学教师在教学中往往只重视知识教育，而忽视了对学生的道德培养。他们认为对于学生的道德教育应该是思想政治学科的教学任务，在数学课堂上开展德育教育没有必要，且意义不大。当然有些数学教师虽然能够认识到德育的重要性，但在实际教学过程中，受到大环境的影响，也很少在数学课堂上对学生进行德育教育。其实，对学生进行德育教育是对各个学科的要求，德育应当在所有的学科教学中居于主导地位，一切教育的最终目的在于形成美德，因此数学教学也必须将德育放到重要位置，否则，数学教育将失去应有的价值，一切努力也会变得苍白无力。

（三）小学数学中的美育价值

受个体素质、数学素养、学科兴趣等诸多因素的影响，每个人对于数学之美的体会不同，对于数学的理解和评价存在很大差异。罗素认为，数学的美是至高无上的美；在开普勒看来，数学是所有美的原型。不少学者从不同层面对于数学之美进行了描述，虽然观点各异，但可以充分表明，数学之美是千变万化的美，这种美，体现在书写的概念结构上，体现在数学的思想技巧上，体现在为人类服务上，也体现在各种各样的实际运用中。

数学之美具有客观性，数学是对于客观世界的认识和改造，这种客观性不随人的意志而转移，也不会随着外部世界的变化而改变。数学家们认为"数学的美表现在数的美，即奇偶对比、有限与无限的美、比例的美、对称的美、和谐的美，甚至是对立统一的美等"。数学如此之美，那么在小学数学教学的过程中，更应该帮助和引导小学生认识和体悟数学之美，这对于学生数学情感的建立具有重大作用。徐利治先生认为："数学教育与数学教学的目的之一，应当让学生获得对数学美的审美能力，从而既有利于激发他们对数学科学的爱好，也有助于增长他们的创新能力。"[①] 在数学教学过程中，一方面，要利用数学美陶冶学生的数学素养和数学情操；另一方面要让学生在认识和领悟数学美的基础上把握数学美的特征，利用数学规律来学习，做到"以美启真"。

三、小学数学课程育人价值实现的策略

（一）深入挖掘育人价值内涵要素

1. 挖掘各类资源提升小学数学教科书中的德育价值

小学数学教育越来越强调德育的重要性，新课程标准要求小学数学教育必须要渗透对学生的思想品德教育，引导学生树立正确的世界观、人生观、价值观，培养学生的集体意识和爱国情怀。以上海版小学数学教科书为例，该教科书中的德育素材包含显性素材和隐性素材。小学数学受自身学科特点的影响，其教材德育内容通常是隐性素材，这就需要小学数学教师在教学中对隐性素材进行挖掘，并有针对性地对学生进行德育教育。

案例1：利用数学史料进行德育渗透

数学史料是数学德育的重要教学资源。在小学数学教材中，不失时机地引入教学相关的数学史料和插图，对中国古代数学的发展、数学家的贡献、中国数学的地位进行介绍等，这些都可以激发学习的热情，增强学生对于中国科学的认知，这些德育素材的引入体现了数学德育渗透的设计思路。

在数学课堂上，学生经过基础数学知识的学习后，教师可以有目的性地安排学生对教材中的相关数学史料进行学习："大约在两千年前，我国数学名著《九章算数》中的方田章就论述了平面图形面积的算法""在明朝程

---

① 徐利治. 漫谈数学的学习和研究方法 [M]. 大连：大连理工大学出版社，1989：96.

大位写的《算法统宗》中，记录了一种铺地锦的计算方法。它是这样计算 47×35 的"（如图1-1所示）。

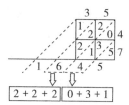

图1-1 教科书中关于铺地锦的展示图

学生通过数学史料的学习，可以体会到我国悠久的数学文化，也可以体会到我国古人的智慧和探索的勇气。

教师：同学们，现在我们请一位同学大声朗读教材第38页"你知道吗？"中的历史资料，让我们共同学习一下这一部分的内容。

学生大声朗读，其他同学认真听读。

教师：同学读得很好，声音洪亮，朗读清晰。同学们听完以后有什么感受呢？

请同学们根据教材内容谈一谈自己的感悟。

学生们的感悟可能各不相同，但是绝大多数同学都可以体会到祖国文化的博大精深、祖国的伟大。通过史料学习，学生在交流互动中提升了民族自豪感和自信心，自身的使命感和责任感也油然而生。

除了利用教科书上的史料内容，教师还可以搜集一些相关的课外资源作为教学辅助资料，用播放视频、幻灯片或者讲故事的方式呈现给学生，让学生在丰富多彩的历史史料中体悟数学之美，让数学德育更为生动有趣，加深学生对于知识的认识和理解。

案例2：利用数学知识进行德育渗透

三年级数学教材中有一节关于认识分数的内容，教师在引导学生认识分数的过程中，还引入了中国传统典故"孔融让梨"，这不仅体现了分数在实际生活中的运用，还将礼让的传统美德融入教学活动中，在潜移默化中对学生进行了道德教育。

教师：同学们，通过学习，我们已经认识和了解了分数，那么现在请同学们思考一下，如果在母亲节当天，我们每个同学都有一个大西瓜，我们要把这个西瓜进行分配，你要怎么分呢？

学生 A：母亲节是感恩母亲的节日，我要把一半西瓜分给妈妈，一半留给自己。

教师：请说说你的想法。

学生 A：这样分的话，我和妈妈就拥有一样多的西瓜啦。

学生 B：我会把西瓜分成六分，给妈妈四份，我自己留两份。

老师：那你是怎么想的呢？

学生 B：母亲节是母亲的节日，我想要给妈妈多一些。

老师：很棒，你真是很孝顺、很懂事。

同学们踊跃举手，表达了自己要将西瓜多分给妈妈的想法。通过思考，学生们能够将分西瓜与所学的分数知识相结合，做到了学以致用。

老师：感谢同学们的积极参与，大家表现都很棒，值得表扬。同学们都认识到了妈妈的辛苦，表达了对妈妈的爱，除了多分西瓜给妈妈，我们在日常生活中也要记得多多关爱妈妈，表达自己的孝心。

通过上面的案例，可以发现，在小学数学教学环节中渗透德育教育其实是有可行性的。在数学教学中，要巧妙进行教学设计，实现知识教育与思想教育、人文教育的有机结合。小学数学教师在教学前要积极进行教学设计，体现德育渗透思想，在教学过程中善于观察，并提高应变能力，在课堂中不失时机地对学生进行品德教育。教师要及时搜集和捕捉各类可用的德育素材，并把握时机对学生进行引导。小学数学德育在课堂中的渗透要注重反复性、渐进性和长期性，通过德育教育，让美德积累沉淀，成为学生的自觉认知和自觉行动。

2.挖掘小学数学教科书背后的美育元素，创造数学美的体验

美育可以开发学生智力，陶冶学生情操，促进学生审美能力的提升。在小学数学教育价值中，美育教育同样至关重要。在小学数学教学实际中，由于数学学科美育的内隐性、教师对美育的认识程度不够、学生年龄较小等因素的影响，美育教育也经常受到忽视，存在数学美育落实难的问题。

案例 3：发现数学简洁美

在《用字母表示数》这一课，学习乘法分配律时，让学生读一读乘法分配律的概念，并说一说对这一概念的理解。"乘法分配律：两个数的和与一个数相乘，可以先把它们分别与这个数相乘，再相加，结果不变。"

学生 A：这句话太长了，读完后边，前边的内容就忘记了。

学生 B：不理解，有点拗口，读不懂这句话的意思。

学生 C：这句话解释了什么是乘法分配律，就是感觉有些啰嗦。

教师：由此看来，大家有一个相同的感受，这句话虽然可以清楚地解释乘法分配律这一概念，但是它实在太复杂了，读起来拗口，记起来就更不容易了。所以，今天我们尝试用一种简单的方法来解释乘法分配律，看看同学们通过今天的学习，能不能用字母来表示这一概念呢？

学生分组进行思考、交流和讨论。

教师根据学生的讨论结果及发言，板书内容：（a+b）×c=ac+bc

由此可见，小学数学教学美育价值的实现，一方面需要结合所学的数学知识，挖掘知识中相关的美育元素；另一方面，要深入研究教材，对教材中的数学知识进行深加工。以上教学案例的设计，其知识目标是让学生掌握乘法分配律的字母表示，美育目标在于让学生体悟数学的简洁美，培养学生的审美意识。

（二）重视教学过程，加强学科互动

1.重视过程，协调预设生成

教学过程是教学活动的重要环节，在教学过程中，教师和学生在课堂上积极互动，形成教学价值。在教学过程中，要把握好"预设"与"生成"的关系，预设是教学过程的基础，是对教学过程的合理规划，生成是预设的结果，是教学过程中的灵活创造。因此，在小学数学教学过程中，要把握生成与预设的关系，坚持预设与生成的有机统一。

课前精心预设。预设应该是开放的、丰富多彩的、具有弹性的，课前预设一定要避免思维定式。在课前预设过程中，要综合考虑各方面因素，设计出富有弹性的教学方案，小学数学教师在备课的时候不仅要备教材、备教法、备学生，还要科学地、合理地预设课堂有可能发生的各种情况。课前预设要立足于学生的认知基础和现有的知识、能力水平，这样才能在制定教学目标的时候更有针对性，符合学生的具体情况。

教学过程机智生成。教学是一个动态的过程，小学数学课堂要在动态中体现生命活力，因此，数学课堂必须是充满生机的、丰富多彩的，师生之间

的关系必须是民主的、平等的、和谐的。作为数学教师，在课堂上要切实做到尊重每一位学生，关怀每一位学生，重视学生的实际需求。在教学中要巧妙运用生成性的课堂资源，并且要把握时机，巧妙引导学生，挖掘学生的思维潜力，激发学生的创造力，提高课堂效率。

2.学科互动，提升学科交流

世界是普遍联系的，在教育教学中，各学科之间也存在着密切的联系。学科不同，教学视角、方法、理念等方面也存在差异，通过各学科之间的相互交流和影响，促进学科思想的发展，对于教育教学的进步具有重大意义。

新课改积极倡导学科之间的综合交叉，各学科也作出了积极响应。小学数学学科在新课改倡导下，逐步加强与各学科之间的互动，在其他学科中借鉴有利于实现本学科育人价值的内容，很大程度上促进了学科育人价值的实现。比如，小学数学学科在对数学文化、数学历史等相关内容进行教育教学的过程中，积极借鉴了语文和历史学科的教学理念和教学形式，既增加了数学教学的趣味性，还在知识教育中渗透了德育理念，这种育人价值的实现就得益于学科互动。

另外，小学数学学科还可以通过信息技术学科实现交流互动。在小学数学教学过程中，可以运用信息技术手段，将抽象难懂的数学知识具体化、形象化、趣味化，帮助学生更快更透彻地理解数学知识，提高学生学习数学的积极性，提高数学课堂的教学效率。在教师实施过程中，教师要紧密结合教学目标、教学内容，积极采用多媒体教学手段，选用合适的教学资源，提高数学课堂教学效率。

3.把育人价值高质量地拓展到数学课堂之外

受时空限制，单凭数学课堂基于教材的学习，很难最大限度地实现学科育人价值，因此需要将育人价值的实现拓展到数学课堂之外。数学实践活动是数学课堂的拓展，通过数学实践活动，可以启发学生的数学思维、拓宽学生的数学视角、提升学生的数学素养，同时还有助于学生情感、态度价值观的塑造，这些都在一定程度上促进了学生综合素质的提升。

（三）小学数学学科育人价值实现的学校保障

1.学校充分优化教师资源

教师是教育教学活动的支撑力量，是教学活动的设计者、实施者和研究者。因此，学校要充分优化教师资源，提高教师的专业能力和综合素质。教师也应该在教学活动中积极投入，在数学课堂上创设良好的数学教学情境，处理好教学设计中预设与生成的关系，实现数学学科与其他学科之间的互动交流，积极借鉴其他学科的学科理念和教学方法。

学校也应该积极学习教育部门出台的相关教育政策，加强与小学数学学科研究人员、前沿人物的联系，汲取更丰富、更先进的教育资源，为小学数学学科育人价值的实现贡献积极的力量。

2.制定科学合理的制度

学校规章制度的科学制定和有效实施为学科育人价值的实现奠定了坚实的制度基础。学校规章制度的制定一定是科学的、客观的、符合学校实际情况的，不仅要体现教育性，还要充分适应学生发展需要，并获得在校教育工作者的广泛认可与支持，这样才能保障学校规章制度的有效性，不至于使规章制度沦为一纸空文。

学校的规章制度是一个完整的、规范的体系，用于保障学校各项工作的有序进行。在规章制度制定过程中，要注意各项制度的统一性，避免出现各项制度前后矛盾的情况，影响规章制度的权威性。规章制度制定完成后，想要实现制度效力，首先要扩大宣传，将各项制度广而告之，组织教师和学生进行学习，还可以转发给学生家长，通过家校合作，促进规章制度的高效实施。在规章制度实施过程中，学校应加强监督，并对违背制度的行为进行适度惩戒，保障学校规章制度的真实性和有效性。

3.提供小学数学学科育人价值发展的良好生态环境

学校具有封闭性，是小学数学学科育人价值发展的主阵地，学校教育目的性明确，教育人员种类单一，因此学校教育受到的社会影响较小。现阶段对小学数学学科育人价值的挖掘和实现提出了进一步的要求，这就要求政府教育机构建立小学数学学科育人价值研究体系，逐步完善满足学生发展需要的小学数学学科育人价值体系。

所处的地域不同，经济和教育发展程度不同，小学数学学科育人价值实现程度也存在差异，教育部门应当根据本区域的实际情况，有针对性地开展教育研讨活动，为小学数学学科价值的实现提供良好的发展空间，为教师交流和提升提供广阔的平台。对于小学数学学科而言，应鼓励学校之间、教师之间的知识交流和经验探讨，帮助教师专业成长，促进学科育人价值的实现。作为数学教育发展战略的重要环节，学科育人价值的实现需要政府教育部门、学校、教师、家长等多方主体的积极配合和通力合作。

4.建设促进小学数学学科育人价值实现的人才队伍

小学数学学科育人价值实现的关键因素是人，即高素质、高水准的教育人才。因此，学校人才队伍的建设对于小学数学育人价值实现起到了决定性作用。这些人才队伍包括小学数学学科育人价值挖掘、创造和实现的管理者、研究者和实施者等。

与其他教育实践与理论活动的教育活动不同，小学数学学科育人价值实现要求管理者必须是专业的教育管理者，要熟知还要善于进行教育管理。

作为小学数学学科育人价值实现的人才队伍中的另一股重要力量，学科育人价值实现的研究者和实施者直接关系到小学数学学科育人价值实现的质量。所以，建设促进小学数学学科育人价值实现的人才队伍很有必要。

第二章 小学生的数学学习

第一节 小学生数学学习动机

一、小学生数学学习动机特点

（一）小学生数学学习动机存在年级差异

小学生数学学习动机会随着年级的升高而逐步降低，这种情况产生的主要原因：第一，数学学科的学习是从易到难的过程，在低年级的时候，数学学科以形象思维为主，简单易学，容易理解，学生学习数学感到轻松愉悦，学习热情较高。随着年级的升高，数学知识变得抽象难懂，大量的计算枯燥乏味，在很大程度上打消了学生的学习积极性，学习动机也随之消减。第二，随着学生年龄的增长，年级的升高，学生面临的考试压力和升学压力也逐渐增加，学生从原来充满趣味的主动学习变为应付考试的被动学习，学生对于数学学习的喜好度逐步下降，学习的主动性也逐步降低。

（二）小学生数学学习动机存在性别差异

通过调查发现，小学阶段男生学习数学的热情更加高涨，其数学学习动机、学习喜好和学习主动性普遍优于女生。但是男生和女生在对学习数学的目标追求上是一致的，并不存在明显差异。也就是说，即使绝大多数女生对数学学习的喜好度不高，但受到外在因素的影响，也会十分看中自己的数学成绩，并为自己的数学成绩确定一个较高的学习目标。小学生数学学习动机存在性别差异可能由以下因素造成：首先，受到社会刻板印象的影响。在社会、学校、教师、家长等的观念中普遍认为男孩子聪明机敏，擅长数学思维；女孩乖巧刻苦，在语文和英语学习方面很有天赋。这种刻板印象潜移默化地影响着学生的自我定位和自我要求，从而在数学学习动机上体现出较为明显的差异性。其次，男女生存在生理差异，由大脑半球优势研究可知，男孩的右脑较为发达，而女孩的左脑较为发达。人体的右脑负责逻辑思维和运算，左脑负责语言，所以右脑发达的男孩更擅长逻辑思维，而左脑较为发达的女孩则更为擅长语言活动。最后，就是自评报告研究方法存在缺陷，目前对研究方法存在这样的质疑："不管是小学阶段还是中学阶段，男生和女生在学习动机上并没有差别，只是由于研究方法不适合导致此结果。"这种怀疑是否成立，还有待进一步研究。

二、学习动机的影响因素

（一）外部因素

家庭、社会和学校是影响学生学习动机的主要外部因素，这些因素对于学习动机的影响如下。

家庭因素包括家庭氛围、父母的文化水平、父母的工作性质以及父母对教育的重视程度。在家庭因素中，父母对教育的重视程度较高、并能积极鼓励子女认真学习，这对于孩子学习动机的提升非常重要。社会因素对于学生学习动机的影响普遍且复杂，一方面，家庭教育和学校教育是以社会需求为导向的，另一方面，社会氛围对于学生的思想观念有着重大影响，学生会积极调整自己的意向和愿望，紧跟社会发展潮流。另外，学生的学习动力还受到社会发展水平和分配制度的影响。在学生学习动机生成和发展过程中，学校教育发挥着无可替代的作用。学校的学习环境、课堂氛围、合作竞争、学生建设、校园文化等因素深刻影响学生的学习动力。另外，教师的教学态度和对学生的关注程度对于学生的学习动机也有着重要影响，这种影响主要通过奖惩来实现。

除了教师对学生学习动机的影响外，课堂氛围也在很大程度上影响着学生的学习动机。研究表明，学生在竞争中会激发学习动机。然而这一研究结果在近年来却被频频质疑。这些质疑者认为，竞争关系不利于学生之间的团结协作，也不能激发学生合作学习的热情，不利于同学之间良好关系的建立。他们认为应该为学生营造一个积极的、安全的学习氛围，减少学生在学习活动中的压迫感和紧张情绪，建立友好互动关系，这样才能激发学生的学习动机，提高学生学习数学的积极性。

（二）内部因素

1.学生的自身需要和目标结构

由于个体认知图式和知识结构受自身社会经历和生活经验的影响，所以不同学生的学习需要和学习动机不同，学习动机的强度也会呈现出一定的差异性。目标内容和目标结构影响学生的学习动机和学习。在明确学习目标的情况下，中等难度的学习任务，通过学生自身努力可以完成任务，这会在很大程度上激发学生的学习动机，增强学生学习热情的持久性。在数学课堂上，学生的目标主要包括两项：精熟目标和绩效目标。具有精熟目标的学生，在数学学习过程中无论遇到多大的挑战、犯了多少错误，都会继续保持学习状态，并采取积极行动来解决问题，不断提高自身能力。他们将关注点放在对内容的掌握上，而不去计较自己的分数是多少，也不太关心自己的排名。而具有绩效目标的同学则与之相反，他们更加关注自己的成绩和排名，更加在乎自己的行为过程和其他人对其表现的态度，这样的学生更加在乎自己在他人心中的形象，不敢冒险、不敢挑战，尽量避免自己出现失误。

2.成熟和年龄特点

随着年龄的增长，学习动机也会发生相应的变化。儿童时期的孩子学习动机受家长和教师期望的影响较大，新入学阶段同学的关注程度也会影响学生的学习动机。随着个体的成熟和年龄的增长，社会因素，如社会责任、社会舆论等也会影响个体的学习动机。

3.学生的个性特征和个体差异

学生学习动机的形成受学生个性特征的影响。比如，有些学生会把获得家长或老师满意作为第一动机；有些学生会把赢得第一名作为第一动机；有些学生会把掌握不同知识，满足自己的好奇心作为第一动机。动机的差异性反映了学生的个体差异，同时也在一定程度上反映了学生的年龄特征。

4.学生的目标和价值观

理想是高层次的学习动机，因此学生的理想目标对学习动机有着深刻的影响。学习动机具有很明确的目标指向，学生会根据自己的目标调整学习动机，引发学习动机的转变。此外，学生的世界观、人生观、价值观也会影响学习动机，因此在教育教学活动中要引导学生树立正确的价值观念。

5.学生的焦虑水平

学生面对学业上的难题时，如果受到担心自己出错、完不成学习任务、怕被老师和家长批评等因素的影响，会产生紧张、慌乱的情绪，我们称之为学生焦虑。这种焦虑水平在影响学生学习动机的同时，还会影响学生的学习成绩和课堂表现。研究发现，中等程度的焦虑水平最有利于学习动机的激发和学习任务的实现，过高或过低的焦虑水平都会对学生学业造成不良影响。

三、激发小学生数学学习动机的策略

（一）满足学生的基本需要

学习动机源于学生的内在需求和内部唤醒状态。马斯洛的需求层次理论将人类需求从低级到高级划分了七个层级，其中包括人的生理需要、安全需要、归属和爱的需要、尊重需要、认知需要、审美需要和自我实现需要。如果想要学生全身心投入学习活动中，首先要满足学生基本的生理需要和安全需要。苏霍姆林斯基研究发现，在教学活动中存在学习问题的学生，如学习吃力、思维迟钝、注意力分散、性格孤僻等，绝大多数是因为学生的身体不健康，孩子的整个机体出现了问题。因此，想要提高学生的学习成绩，首先要关注孩子的身心健康。

（二）巧用数学故事，激发学生学习兴趣

数学是偏重逻辑思维的学科，有时候一些公式、运算等会较为枯燥，因此在教学过程中适时引入一些数学故事，提高教学的趣味性，让学生在学习中感受到身心愉悦，激发学生学习热情。在讲授分数的基本性质这一板块时，教师说在讲课之前，要先给同学们讲个故事，同学们立刻来了精神，迅速端

正身体、抬起头准备认真聆听。故事是这样的，唐僧师徒取经路上，猪八戒扔下铁耙大喊饥饿，无力行走，师傅便从包裹中拿出三块同样大小的面饼给徒弟们分配，他把第一块面饼分成两等份，其中的一份分给了猪八戒；把第二块面饼分成四等份，给了沙僧两份；把第三块面饼分成六等份，给了孙悟空三份。这时猪八戒十分不满，不断嘟囔着师傅偏心，给大师兄和三师弟的面饼多，自己得到的面饼少。同学们听完放声大笑，嘲笑猪八戒愚蠢。这时教师问："唐僧的这种分配方法到底是不是公平的呢？"同学们齐声回答，"是公平的。"老师接着问，"为什么是公平的呢？"在这一问题的引导下，同学们很乐意和老师一同探索分数的基本性质问题，这节课的教学也在趣味探索中顺利完成。

（三）利用多媒体激发学生学习动机

多媒体教学是将教学内容与多媒体技术相结合，以多媒体为工具，形象直观地展示教学内容，吸引学生的注意力，激发学生的学习热情，为课堂教学营造轻松、愉悦的学习氛围。比如，在学习小学数学中"升与毫升"的知识时，教师通过多媒体给学生播放了一个小视频，视频中的奶茶店有两款高度和粗细均不相同的奶茶出售，"如果你是消费者，在购买奶茶时会选择哪一款？"这一问题吸引了学生的注意力，引导学生们积极思考怎么样去衡量奶茶容量的大小。大部分同学选择了高度较高的那杯，认为那杯奶茶的容量大。还有一些同学提出将两杯奶茶倒入同样大小的容器中，比较量的多少。在同学们的积极思考和踊跃表现下，教师通过继续播放视频给出了参考解决方案，这些解决方案与同学们提出的解决方案有些是一致的，甚至同学们提出的解决方案更为丰富，这在很大程度上提高了学生的学习成就感和自信心。教师也以此为契机，引出了容量单位的学习，使课堂效率得到了很大的提升。

第二节 小学生数学学习习惯

一、培养小学生数学学习习惯的特点

学习习惯良好的同学，学习动机较强，两者之间呈现出正相关的关系。良好的学习习惯可以帮助学生建立学习信心，在高涨的学习热情下，学生的学习也会比较轻松愉悦，并且在学习的各个环节都努力做到尽善尽美。因此，良好的学习习惯有利于学生学习积极性的激发，有利于学生形成稳定、持久的学习动力，培养良好的学习品质。由此可见，从小学阶段培养学生的学习习惯尤为重要。

小学生数学学习习惯的培养主要有以下四个特点。

（一）小学数学学习习惯的培养具有长期性特点

小学生刚刚入学，还没有开始正式学习数学时，是没有形成学习习惯的。除非有些小学生在入学之前，父母对他们进行过简单的数学教育，如数数、数学发音、简单的数学运算等，即便是这样，也不足以让孩子形成稳固的学习习惯。学生入学，进入正式的数学课程学习之后，在教师的针对性指导下，随着学习的不断深入和对学科认识的不断强化，才会慢慢形成数学学习习惯。学习习惯的形成不是一蹴而就的，而是一个较为漫长的过程。

（二）小学生数学学习习惯的培养具有较强的可塑性

小学生年龄小，可塑性强，处于培养学习习惯的较早时期，学校和教师应把握这一阶段，培养学生良好的数学学习习惯。随着年龄的增长，年级的升高，学生的可塑性也会逐渐减弱，因此良好的学习习惯一定要在低年级的时候培养，不良习惯也应该在低年级的时候及早纠正。否则随着年龄的增长，学习习惯的塑造就会变得事倍功半。

（三）小学生数学学习习惯的培养具有一定的可刺激性

学习习惯的形成还受到外部刺激的影响。小学处于教育阶段初期，由于小学生年龄小，阅历少，在学习习惯养成过程中很难做到主动和自觉，因此就需要教育者有目的地对小学生进行外部刺激，引导学生培养良好的学习习惯。由此可见，小学阶段，小学数学教师对于学生数学学习习惯的培养具有重大作用。

（四）小学生的数学学习习惯的培养具有明显的渐进性

我们在实际教学过程中发现，绝大多数小学生在学习数学时，学习任务是根据数学老师的要求按部就班完成的，具有机械性。随着学习逐步进行和深入，学生的这种数学学习行为不断重复，对于这种学习行为的认识也不断深化，逐步形成了相对稳定的数学学习习惯，由此，小学生的数学学习习惯基本形成。以应用题解答为例，学生根据已有的学习经验，一看到题型是应用题，便会自觉地认真审题，之后才进行分析和作答。当然，学生这一做题习惯的养成一定是在考试的反复指导和多次训练后形成的。

二、小学生数学学习习惯现状

培养小学生数学学习习惯对于学科育人价值的实现具有重要意义，然而在具体的小学数学教学过程中，教育者发现，学生在数学学习习惯方面的现状不容乐观，主要存在以下问题。

（1）没有养成认真书写、规范书写的数学学习习惯。

（2）没有养成规范的计算习惯，导致计算错误。

（3）没有养成认真上课的习惯，上课注意力不集中，没有全身心投入学习状态。

（4）没有养成独立思考的习惯，在数学学习上偷懒、不积极思考，对教师和教辅材料的依赖性强。

（5）没有养成良好的做题习惯，做数学题时不认真审题，完成题目后不认真检查。

（6）没有养成良好的做作业习惯，做作业疲于应付，只是任务性地完成作业量，而不关注作业的完成质量。

（7）没有养成课前预习和课后巩固的学习习惯。

（8）没有养成合作交流，研究质疑的学习习惯，在数学学习中死记硬背数学结论而不探究结论的产生过程，缺乏主动探索的意识，缺乏质疑精神且存在创新能力不足的情况。

这些是在教学过程中常见的问题，且在大多数学生身上具有不同程度的体现。这些不良学习习惯在很大程度上影响了学生的学习积极性和学习热情，不利于学生的身心健康发展。在学生身上直接表现为学习效率低、学习效果差、学习成绩落后等。由此可见，在小学阶段培养学生良好的数学学习习惯十分必要，这也对小学数学教师提出了更为严格的要求。

三、培养小学生数学学习习惯的策略

（一）培养小学生数学学习习惯的原则

1.科学性原则

培养小学生的数学学习习惯是有规律可循的，在培养小学生学习习惯时要坚持科学性原则，要有计划、有目标，并且要符合小学生的实际学习情况和身心发展特点，做到递进性和可控性。可以有针对性、分阶段、在一定时期内对小学生的身心特点进行连续不断地观察和研究，了解不同学生在不同的学习环节出现的具体问题，并帮助和引导学生一步一步攻克学习中的难题，帮助学生掌握符合自己的学习方式，进而建立起良好的学习习惯。

2.榜样性原则

小学生善于效仿、崇拜榜样，并乐于向榜样学习。教师可以在数学课堂上或课外教学活动中有意识地为学生树立学习典范，并引导学生向榜样学习，争当学习典范。教师还可以引导学生树立一个小目标，如做小组典范、班级典范、年级典范甚至是学校典范，给学生一个明确的目标，使学生朝着这一目标不懈努力。这无形中在班级中引入了竞争机制，激发了学生的斗志，提高了学生的学习动力。当然，在竞争过程中还要注意引导学生形成良性竞争，在竞争中合作，在合作中竞争，鼓励学生注重团结，互帮互助，树立合作意识。

3.反复性原则

小学生处于学习的初级阶段，在学习行为和学习习惯上具有很强的可塑性，同时，也具有易变性。单凭几节课的针对性训练，很难让学生养成良好的、稳定的学习习惯，因此需要教师静下心来，对学生反复进行分阶段的习惯训练，让学生在不断的重复中强化自己的学习行为，进而养成良好的学习习惯。只有学生出于自身意愿，表现出稳定的、良好的学习习惯时，才能表明对学生学习习惯的培养取得了阶段性成果。

4.发展性原则

学生是不断发展的个体，在学生的成长过程中，学生的生理与心理都会发生变化，随着学生由低年级升入高年级，知识难度增加，数学课程标准也对学生提出更高的要求。因此，在培养学生良好学习习惯的过程中，教师还要教导学生根据自身需要检验、改进学习习惯。

（二）培养小学生数学学习习惯的路径

1.教师应当和学生"零距离"接触

美国心理学家罗杰斯说过："成功的教学依赖于一种真诚的理解和信任的师生关系，依赖于一种和谐安全的课堂氛围。"在小学数学中，一些教学内容会有些枯燥，缺乏趣味性，这对于追求新奇的小学生来说较为乏味，无法激发学生的学习兴趣。为了让学生学好数学，就需要老师积极探索方法，除了用数学魅力吸引学生之外，还可以主动拉近师生之间的距离，用教师自身的魅力来激发学生学习数学的欲望。通过教师和学生的"零距离"接触，师生之间建立了亲密的情感联系，学生就会在情感和认知上具有向师性，对于老师也会更加信任，老师布置的任务也会不打折扣地完成。在这种零距离师生关系的影响下，学生开始主动学习，积极探寻数学学习中的知识，真正体会学习的快乐。

在中国传统的教育思想中，强调"尊师重教"，这种思想在一定程度上拉开了师生之间的距离。为了实现教师与学生的零距离接触，教师应主动放低姿态，走下三尺讲台，与学生平等交流，拉近师生之间的距离。在学校教育中，教师和学生是教育教学活动的主体，教学过程其实就是教师和学生之间交流沟通的过程，因此需要建立良好的师生互动关系，拉近师生之间的距离，这样才有助于教学效率的提高。作为教师，不仅应该加强与学生在课堂上的交流互动，还应在课外活动中抓住机会，积极与学生进行交流沟通，如和学生一起做游戏、一起郊游、一起进行课外实践活动等。通过具体的活动，拉近师生之间的距离，让学生对老师充满喜爱和信任，增进师生之间的情感交流。学生与老师建立良好的信任关系，有助于学生学习动力的提升，进而提高学习效率。

2.培养学生主动获取知识的能力

在教学活动中，学生是学习的主人，学生学习效果除受到教师和家长的影响，学生本身的学习态度、学习欲望、学习目标等因素对于学习效率起决定作用。因此，在教学过程中，教师的主要任务是引导学生积极参与到课堂活动中，帮助学生树立主动学习、主动探究的意识，提高学生主动获取知识的能力。这既有利于激发学生的学习潜能，又能提高学生的探索能力和学习能力。学生通过主动参与数学课堂，充分感受数学知识的神奇和奥秘，激发他们的求知欲和探索欲，进一步提高其知识获取和实际运用的能力。

在课堂教学中，并不意味让学生多动手、多思考、多表达就是发挥了学生学习主动性，就是所谓的探究式教学。如果在课堂教学中，让学生在教师既定的设计思路下动手操作并完成运用，这其实并没有开发学生的创造潜能，他们还是在老师的教学牵引下完成的，对于学生探究意识的培养没有什么实际意义。如果教师放心大胆地放开手让学生自己去探索所学知识，学生就会作出各种尝试，从多方面去了解、搜索相关知识、发现问题，并用自己的方法加以解决，得出结论。在探索的过程中，同学之间有分工、有交流、有合作、有竞争，他们发挥各自的优势，取长补短，这样才能真正激发学生的思维潜力，提高学生的主动探究能力。因此，教师应该在课堂设计中多创造让学生自主探索的机会，让学生在积极动手、动脑解决数学问题的同时，掌握学习方法，探索数学结论得出的来龙去脉，提高学生主动获取知识的能力。

3.引导学生反思数学知识获取过程，树立梳理知识的意识

在课堂教学中，通过主动探索，可以让学生体会到数学知识的来龙去脉，还要引导学生对数学知识获取的过程进行梳理和反思。正如费赖登塔尔教授指出："反思是数学思维活动的核心和动力，通过反思才能使现实世界数学化。"比如，在讲授小学二年级课程混合运算"小熊购物"这一知识

点时，让学生思考怎么在买食品时计算出总共要支付的钱数。学生通过交流探讨后，列出了如下算式：（1）3×4＝12（元），12＋6＝18（元）；（2）6＋3×4；（3）6＋3＋3＋3＋3。那么"6＋3×4这个算式表示的是什么意思呢？"老师将学生的思考重点引到这一问题上来，"应该先算什么，后算什么呢？怎样的运算顺序才是正确的呢？"通过这一问题的思考，引导学生体会混合运算法则，先算乘法，再算加法的意义。通过思考和探究，孩子不仅知道了运算顺序，还知道了为什么要有这样的运算顺序，这就避免了单纯地传授计算法则的教学。

教师也应该引导学生对数学知识进行梳理，了解数学知识产生的过程及知识存在的内在逻辑结构，从而使学生学习到的数学知识系统化。在一节课的学习任务结束后，教师要引导学生对当堂的学习成果进行反思，如"我通过什么样的方法掌握了这节课的内容？我这节课对自己表现最满意的地方是什么，有什么不足需要弥补？我在今后的学习中应该怎么做更好？"在单元学习结束时，教师可以引导学生进行单元反思，如"本单元所学的知识中，哪些知识给我的印象最为深刻？还有哪些知识没有灵活掌握？本单元的知识链有哪些地方还没有贯穿起来？"等等。教师在教学过程中不断地引导学生进行知识梳理和学习反思，学生就会形成反思的习惯，在以后的学习中主动梳理知识，反思自己在学习中的成就和不足。学生也可以运用成长记录本，把自己的学习收获和学习困惑以书面的形式记录下来，如"哪些知识还没有掌握？哪些知识还存在疑惑？哪些知识最有趣？哪些知识对自己来说最有用"等等。在指导学生进行学习反思时，要关注学生的情感体验和思想动态，教师要关注到学生个体的差异，可以采用不同的方式来调动学生的学习积极性。特别要关注学困生，帮助学困生提高梳理知识的能力。

4.采取有效实施途径，促使学生养成反思习惯

提高学生学习效率、培养学生学习能力的重要方法之一就是促使学生养成反思习惯，提高学生的思维能力和自我认知水平。研究表明，可以从以下几方面着手培养学生数学反思能力、培养学生良好数学学习习惯。

第一，帮助学生建立学习档案，让学生将自己的学习心路记录在成长记录本上。学生的学习档案可以包含多种多样的内容，如学习目标的设立、学习方法的探索、难题错题的积累、学习成就的记录、学习经验和教训的总结

等等，这是培养学生良好学习习惯的重要方法。

第二，培养学生独立思考、敢于质疑和挑战的意识。学生的反思是基于问题的反思。调查发现，随着年龄的增长和年级的升高，小学生的问题意识会逐步减弱。因而，教师在课堂教学中要把握初学阶段小学生思维的可塑性，积极引导学生独立思考，鼓励学生勇于提出问题，并主动探索解决问题的方法，最后引导学生在这一过程中进行反思。在实际教学活动中，教师可以要求每节课后记录自己在本节课中所提出的数学问题，每月评一次"小问号"，逐步养成反思习惯。

第三，引导学生坚持写数学日记，逐步养成反思习惯。学生反思习惯的培养不是一蹴而就的，而是需要长期的坚持。在教育教学活动中，教师要引导学生对数学知识进行全方位、多角度、多层次的反思。学习过程中学生想到但没有来得及和老师交流的问题，作业中探索出来的新的解题思路、学生的学习感受等等都可以以日记的方式记录下来，使学生养成自我反思的好习惯。

反思是一种高层次的智力参与，是一个人的思维成熟的标志。培养学生的反思意识，让学生学会反思，不仅能够提高学生的数学反思能力，还能够提高学生在生活中反思的能力，有助于学生的可持续发展，对于学生未来发展意义重大。

5. 逐渐培养学生"问"的意识，提高"问"的能力

学生喜欢思考问题，敢于质疑，喜欢问问题是好事，但是在教学实际中发现，有些学生质疑和提问都没有点到关键上。那么面对学习过程中遇到的问题，到底应该从何质疑，怎样思考呢？我们有必要引导学生掌握科学有效的质疑和提问方法，提高学生提问的能力。

首先，引导学生质疑课题。引导学生质疑课题既能够增强学生对于课堂的把握程度，也能培养学生的质疑能力。在小学数学教材中，课题具有画龙点睛的作用。以《24时计时法》为例，教师对这一课题进行展示后，可以通过鼓励的方式引导学生质疑课题。学生会问："什么叫作24时计时法？为什么这种计时方法称为24时计时法？"这样的质疑就质疑在了点子上，直指课程中心内容，为接下来教学的顺利进行打下了良好的基础。

其次，对课本内容中部分重点语句提出怀疑。在教学"因数和倍数"时，

教师可以请学生自学后把自己不理解的地方提出来。学生争先恐后地提问："为什么因数和倍数不能独立存在而必须相互依存呢？为什么因数和倍数必须在自然数的范围内呢？"学生学习的积极性与主动性被激发了，从而燃起了解决问题的热情。

最后，质疑课题的重点和难点。对课题的重点和难点的质疑，既有利于学生深入理解学习内容，同时，也有助于教师在教学过程中围绕这一线索进行教学。如《商不变的性质》一课，有学生质疑"为什么要同时乘或除以相同的数，同时加上或减去同一个数就不行吗？"学生疑到了重点上，为进一步验证性质提供了很好的素材。

在教学中，教师要积极正确地引导学生发问，提高学生提问的能力，也促进学生"抓关键"能力的发展。

第三章　小学数学课堂教学概述

第一节　小学数学课堂教学的意义

一、小学数学课堂教学有助于师生实现心理发展

小学数学课堂学习是一个师生共同的发展过程，在这种发展过程中，个体会发生一系列的心理变化。在教师、学生、教材和环境四种因素的持续相互作用过程中，学生是通过课堂学习获得各种数学经验，并运用各种数学经验去调节自己的各种行动来实现心理的发展的。

（一）小学数学课堂学习是建构数学认知的过程

龙伯格认为，学习不是一个吸纳的过程，而是一个构成（建构）的过程。小学数学课堂学习是一个学习者主动与课堂相互作用的过程，其本质就是一个认知的建构过程。有学者认为，小学数学课堂学习中的认知建构的活动，是一种由三个基本环节组成的环状结构。包括：

（1）定向环节（也称之为"感受环节"），属于"内导系统"（或称之为"输入系统"）。它来自环境的刺激作用，是学习行为产生的主导性的环节。这个环节能否真正成为调节行为的"定向映像"和解决个体行为的定向问题，取决于学习者外部因素和内部因素。从外部因素看，主要包含创设的环境是不是能最大限度地刺激学习者产生参与学习过程的欲望，最大限度地使学习者明白自己行动的目标和任务。从内部因素看，主要包含学习者自

己的学习动机以及在动机驱动下对学习过程的参与（参与的程度、方式和策略等）。

（2）行动环节（也称之为"运动环节"或"执行环节"），属于"输出系统"（或称之为"效应过程"）。其作用就是将对新环境的定向付诸行动，这是认知建构的一个关键环节，是一个学习主体发挥主动作用并获得意义理解的中心环节。因而，学习者的行为、认知与情感等参与的方式和策略将制约着目标达成的可能性。

（3）反馈环节（也称之为"返回联系"），属于回归式内导系统。它是学习过程中一个非常重要的、却有时在课堂学习中又非常容易被"压缩"的环节。个体的认知建构活动能否顺利地深入进行下去，在学习的行动过程中是否需要做出调节和修正，这些都取决于个体对已经发生的学习行为和学习效果的反馈。这个环节往往也包含着对"学习"的学习，或对"认知"的认知，即包含着学习者的认知策略的建构过程。

（二）小学数学课堂学习是形成数学能力的过程

小学数学课堂学习的过程，也是促进儿童数学能力发展的过程，儿童教学能力又包括数学认知的建构能力、解决数学问题的能力以及交流的能力等等。如果从"数学学习的本质就是解决数学问题"的角度看，小学数学教学过程中，最重要的就是培养小学生数学问题解决的能力。

所谓问题解决指的是以问题目标为导向，以思考为内涵的心理活动或心理过程。一般认为，解决数学问题可以从以下三方面解读。

第一，解决数学问题是一种心理活动，即解决问题就是指人们在日常的生活或社会实践中遇到的新问题、面临的新情景，而一时又没有现成的解决对策时所引起的一种探究的冲动，并因而去设法解决的心理活动。

第二，解决数学问题是一种过程，即解决问题就是将学到的知识在新的问题情境中运用并尝试获得解决的一个过程。

第三，解决数学问题是一种能力，即解决问题就是一种将数学知识运用于各种不同问题情境或不同课题中的能力。

由上述内容可知，数学学习过程实际上就是培养解决问题能力的过程。斯塔尼克（Stanic）于 1988 年从历史的角度对解决问题在数学课程中的作用进行了概述：自古以来，各种问题就在学校数学课程中占据核心地位，但解决问题并非如此。只是最近，数学教育工作者才接受了这样一个观点：问题解决能力的培养应当得到特别的关注。

（三）小学数学课堂学习是发展情感的过程

小学数学课堂学习不仅是一个知识摄取的过程，还是一个发展学生情感的过程。有学者认为，小学数学课堂学习过程中的情感发展主要包含着相互关联的三个方面。

（1）学生对数学及其数学活动的兴趣。良好的环境刺激能有效地激发学生对数学的好奇心和探求欲，并促使学生积极主动地参与到数学活动中，而学生在数学活动过程中所获得的积极良好的情感体验，又能进一步强化学生的参与意识和参与的主动性。

（2）当学生主动参与到数学活动过程时，就有可能通过这种活动不断获得积极的体验，也就有可能逐渐建立数学学习的自信心和刻苦探究的意志力。需要指出的是，一个人的自信心往往是个体在不断地获得积极良好的机体体验的情况下被强化的。

（3）积极良好的过程体验也促进了学生对数学学习态度的发展。首先获得发展的是学习观，他们能从数学活动中体验到数学学习就是为了解决日常问题，体验通过积极主动地参与数学活动，发展自己的思考能力；其次还促进了学生对数学的认识，他们能从数学活动中体验到数学的价值、数学的美和数学学习的乐趣；最后还发展了学生的自我概念，他们能从数学活动中了解自我评价的意义，建立自我调控的意识，发展自我认识的能力。

二、小学数学课堂交织着多样化的学习方式

学习方式并不是指具体的完成学习任务的策略、方法或行为方式，它是指学生在完成学习任务过程中所体现出来的，在主体性、实践性、探究性、合作性等方面的某些特征。

学习方式反映的是学生在完成学习任务过程中的几个变量：第一，学生在学习中的参与方式；第二，学生的思维水平；第三，学生与教师在学习过程中的交流与互动。

（一）传统的小学数学学习方式特点

传统的小学数学学习方式，主要在如下四个方面表现出显著的特征。

1.客体性

在传统课堂教学中，学生处于被动地位，并不是课堂的主体，而是扮演了客体的角色。传统的课堂教学以书本知识为中心，以接受为主要目标，以背、练、考为主要学习手段。学生的任务就是通过教师的传授而习得数学知识。在传统形式的课堂活动中，学生的各项学习活动都是被严格预设的，他们缺少自主性的探索活动，无法根据自己的兴趣和特点主动参与课堂活动，不能通过建立在自己现实经验基础上的思维活动实现日常概念的数学化。可能也有日常情境下的课题学习，但这些课题情境大多都是特定的且结构良好的、为了实现对算法的运用而刻意设计的、却与学生自己的生活毫不相干的；可能也有实验，但实验的目的就是证明文本描述的事实的客观存在；可能也有直观操作，但操作的方式以及操作的过程都是被预先设计的；可能也有讨论，但讨论的主题和问题并不发端于学生自己的思考和发现。

在传统数学课堂中，数学的解题活动往往是主要的学习形式，这种解题活动往往就是学生理解数量关系、搜寻记忆的图式、运用已经形成的算法作解答的一个机械的操作过程。所谓的解题难度，常常就只是体现在人为地增加许多变量，以提高课题的数量关系的隐蔽性和复杂性，使课题的数量关系与再现记忆的图式之间多了许多的推理和变换。于是，我们有不少的学生虽然成为数学的解题高手，却同时又成为主动建构数学的矮子。例如，在学习"圆的认识"这个内容时，按教材的要求，教师也会通过让学生尝试用圆规画圆活动来体验圆的特征，可是，我们可能并没有去关注到，在这个过程中学生会不会思考，为什么圆规的一脚要固定？为什么不固定就画不成圆了？为什么圆规两脚张开大小也要固定？这些都与圆的哪些特征有关？所有这些问题，可能即便是到了学生们已经知道什么是圆心，什么是半径以后，还是未能获得真正的理解。如果这样的话，让学生通过画圆来获得对圆的特征体验的价值又何在？

2.单一性

对小学生而言，数学学习就是获得被教材呈现和被老师认定了的数学的事实，他们的学习任务就是理解并掌握这些数学事实。至于为什么要学习这些数学知识？这些数学知识对于生活有什么意义？怎么样在现实生活中去运用所学的数学知识？自己有哪些学习收获？通过学习掌握了哪些思考方法？大多数学生是不去思考和探究这些问题的。

在这种学习模式下，学生可参与的独立观察、动手操作、尝试实验、社会调查以及将知识运用于现实情境等实践性的学习活动大大减少，也因此缺少了主动查阅资料、积极交流探讨、尝试多种方式以及共同探究等探索性的学习活动。比如，在学习"三角形内角和定律"这一数学知识时，因为教材和教师早已经认定了"三角形的内角和就是180°"的数学事实。因此，老师在组织学生用量角器测量三角形不同的内角时，当学生们开始获得三角形内角和接近180°的数据，教师就会直接告诉学生三角形的内角和实际上就是180°的数学结论。之所以学生测量时没有精确测量到180°，只是因为实际测量时有误差存在。这种单一的缺乏探究的学习活动无益于学生数学能力的提升。

3. 接受性

在传统的课堂活动中，学习的认知对象常被看作是目的——掌握这些事实并能运用的占有性目的，却没有将它看作是一个过程——发展儿童对生活的事件和现象进行探求的意识、价值、方法和情感等基本的数学素养的过程。于是，小学数学课堂教学中，教师常常人为地从数学体系中去编选主题、语言和材料，而学生们则被动地面对和自己生活相割裂的那些生疏的学术性概念及知识。教师们谙熟这些知识，然后通过教师语言、技术和观念的传授，努力地将这些概念堆积起来，似乎数学学习就是一种游离于现实生活的、封闭的接受并积累的过程。对学生来说，成功就是学习那些有限的答案——从一名教师那里吸收，然后在考试的时候准确无误地反馈。在学习过程中，教师们常常只将注意力放在那些充满抽象术语的教科书上，学生似乎只需要通过教师的传递就能掌握这些知识与技能，他们并不需要了解知识的发生与发展。在传统课堂教学中，学生们根本不需要去真正地通过自己的观察、猜测尝试、独立探究、反思调整与实践运用等活动去主动建构新的数学文化，仅被动地接受教师，这不利于学生自主学习能力的发展。

4.封闭性

传统的课堂学习被看作是每一个个体自己建构数学的过程，在传统的课堂学习中，学生之间的交互性是非常弱的，学生之间互动交流的实际意义有限。主要表现在：第一，从成员的参与率以及每一个成员的参与时间看，小组活动的普遍参与程度过低；第二，小组成员的参与水平不高，表现在随意附和、无谓争议以及仅随指令做些简单操作等，而真正思考性的参与较少；第三，情感参与程度较低，表现在小组成员在活动参与过程中，常常不能获得有价值的体验。学生之间的交互性相对较弱，与如下几个因素相关。

一是教师对课堂活动的本质理解因素。当教师认为课堂活动的本质仅仅就是每一个学生能建立对概念的意义理解和对事实的掌握，则学生的这种交互性互动就会组织较少或流于形式。

二是教师设计的任务因素。当教师仅仅将一些简单事实的获得作为学习任务，就大大地降低了小组交互性获得的意义。

（二）学习方式的多样化

转变学习方式并不追求用一种学习方式去替代另一种学习方式，而是要倡导学习方式的多样化，即要将单一的以被动接受为主的学习方式，转变为讲解示范、探索发现、尝试解决、合作交流、操作实验等多种形式相结合的学习方式。

在这种多样化的学习方式中，学生真正成为学习的主人，教师与学生建立了真正的合作关系，学生自己已有的生活经历成为构建学习活动的基础。而转变学习方式可从以下几个方面入手。

1.变单一形式为多样化形式

简单地说，就是要从单一的以被动接受性活动为主的学习方式转变为多种活动相结合的学习方式。例如，在教师讲解的基础上，还包含着学生的尝试探究、操作实验、合作分享等活动。

2.变单纯接受为探索发现与引导接受相结合

转变学习方式并不是简单地将有意义的接受活动彻底摒弃。儿童因其经验不够丰富、认知积累不足以及能力水平尚处于发展阶段，需要教师给予一定的帮助。但是，这种帮助不是简单的灌输，不是一味地控制，而是一种在教师引导下的接受与探究相结合的过程。

3.变概念获得活动为概念获得活动与问题解决活动相结合

不能将小学数学课堂活动简单地理解为就是数学概念的习得过程,它是一个数学概念的获得与问题解决相结合的过程。掌握表述概念的词汇与对概念的意义理解是不同的,而对概念意义的理解往往存在于解决问题的过程中。另外,问题解决能有效帮助学生构建概念的意义与普遍情境之间的联系。

4.变个体学习为独立探索与团队合作相结合

在课堂环境下的数学学习,不应该仅仅是个体的行为,应最大限度地实现群体之间充分的分享与合作。这种分享与合作的过程,是一个加深对数学意义理解和获得知识的过程,也是提高学生交流能力、反思能力、思维能力的过程。

第二节 小学数学课堂教学活动

一、课堂教学活动概述

(一)教学活动的共同体

课堂活动就是人的有计划、有目的的活动过程,因此在构成课堂活动的要素中人是第一位的要素。在课堂活动中,师生之间是一种互动的和相互促进的关系,师生相互配合完成教学活动。

(二)教学活动的对象

学习内容特征、学习任务特征、学习目标特征等等是教学活动的对象特征。而不同的学习内容、学习任务以及学习目标,在很大程度上制约着学习方式以及学习水平,从而影响着课堂活动的结构与过程。

（三）教学活动的过程特征

教学活动的过程特征主要包括课堂活动中人与人的相互作用方式、活动的结构特征、活动的组织形式等要素。课堂学习由不同结构和不同形式的活动所构成，而不同的活动结构和不同的活动形式反映了课堂学习中不同的人与人的相互作用的方式。这种不同结构和不同形式的活动取决于学习任务特征和学习者的特征，同时是直接服务于学习目标的。

（四）课堂活动的主要矛盾

从上述三点可以引出三对相互作用的矛盾：第一是由"教学活动的共同体"引出了教师的主导性与学生的主体性之间的矛盾，而课堂活动正是在这两者的制约、促进与依存的相互作用模式下得以不断进行的。第二是由"教学活动的过程特征"引出了儿童数学与成人数学之间的矛盾，在这对矛盾的推动下，促进了教师不断去观察、研究儿童认识数学的特征，从而创设有利于儿童数学活动的活动结构与活动过程。第三是由"教学活动的对象"引出了学生认知的心理特点与数学学科特点之间的矛盾，即儿童思维的直观性与数学对象的抽象性之间的矛盾，也正是这对矛盾，构成了小学数学教学中多样化的活动结构和活动形式。

二、课堂教学活动的基本类型

教师开展课堂教学时，要以学生为主体，积极引导学生参与课堂活动，促进学生全面发展。课堂学习活动类型具体有以下五种。

（一）以问题解决为主线的课堂学习活动

学生在参与这类活动时，以对问题的定向思考为出发点，通过教师的有效引导，不断进行尝试性探索。恰当的问题情境可以有效推进学习活动顺利展开。例如，在学习"三角形内角和"这一内容时，有教师设计了这样的教学过程。

1.任务呈现

（1）我们已经认识了什么是三角形，现在能否请大家来说一说，三角形有哪些特征？

（2）现在，请大家在纸上任意画两个三角形。

（3）每个同学都观察一下自己画的三角形，他们都一样吗？每个同学都将自己画的三角形举起来给大家看一下？他们一样吗？说一说，大家画的这些三角形都有哪些不一样的地方？每个不同的三角形的角的大小都一样吗？

（4）现在你能不能猜猜看，这些三角形有什么是一样的呢？这些不同的三角形的角的大小不一样，那么，将每个三角形的三个角加起来后，他们的大小可能会一样吗？

猜测：①一样；　　②不一样；　　③不能确定。

（5）你准备用什么方法来验证自己的猜测呢？

2. 尝试操作与探究

（1）想一想，用我们学过的哪些知识来探究，可能更方便？可以先对自己画的两个三角形进行探究。

（2）现在能不能把自己得到的结果进行一下简单的交流？现在大家得到的初步结论是什么？

（3）为什么大家得到的结论会有不同呢？想一想，我们刚才用量角器进行验证的时候，可能会出现什么问题？怎样能尽可能地减少这个问题的产生？下面你（们）打算怎么做？

（提示：用怎样的方法来减少角的度量的时候带来的误差？）

（4）通过这一次的操作，现在又得到了哪些数据？大家又获得了什么样的新的发现？能否交流一下？谁能将自己的探究观察演示给大家看？

现在得到的结论是什么？

（5）讨论一下，还能用什么方法来验证这个结论是否正确呢？

……

（二）以信息探索为主线的课堂教学活动

教师提供给学生的信息是这类课堂教学活动的起点。在教师的引导下，学生对这些信息进行观察与分析，从中获取相应的知识。对于这类学习活动而言，有效的信息重组是主要的活动因素，比较、观察与归纳则是其主要的活动过程。

例如，在学习"方程的认识"时，有教师设计了这样的教学过程。

1. 信息呈现（出示）

$x + 0.5 = 1.8$　　　$15 - 4 = 11$　　　$38 \div 19 = 2$　　　$0.4 \div 0.2 = 2$

$1.9 - x$　　　　　19×2　　　　$24 \div x$　　　　$6 \times x = 0.3$

2. 尝试分类

（1）请你尝试将这些式子用一定的规则进行分类。

（2）说一说你分类的依据，解释一下分类的结果。

3. 寻找规律特征

说一说，类似 $x + 0.5 = 1.8$，$24 + x = 8$，$6 \times x = 0.3$ 等这样的式子都有哪些？它们共同的特征和规律是什么？

4. 形成新的认知

（1）阅读教材，看看这一类的式子称作什么？

（2）归纳一下，方程的本质特征是什么？（含有未知数、等式）

……

（三）以实验操作为主线的课堂教学活动

这类活动结构的特征：学生在教师适当的引导下，进行实验操作，再多次对比分析材料的实验性，得出新的结论。其中，尝试实验的方法是主要的学习活动构成因素，学生的研究、探索与发现则是主要的学习过程。

例如，在学习"圆的初步认识"的时候，有教师设计了这样的教学过程。

1. 情境呈现

情境一：教师在操场上组织全班学生玩游戏。首先在地上插一面小红旗，由裁判发出口令，所有同学在听到口令的第一时间一同争抢小红旗，抢到的同学则为最终的获胜者。为了保证游戏的公正，怎样排列这些同学更加合理呢？你能否将自己的想法尝试着画出来，并说明理由？

情境二：找出一根细绳，尝试着做一下小实验：在细绳的一端系住一个有一定重量的物品，可在物品上涂上颜色，以便看得更加清楚，之后将细绳的任意部位抓在手中，快速甩动手臂，不断加快速度。在物品转起来后，你能看到什么？如果改变抓住细绳的位置，其余保持不变，再转动细绳，你可以看到发生了哪些变化？造成这种变化的原因是什么？之后，在抓住细绳不断转动的过程中，试着不断改变转动细绳的手臂的位置或者改变站立的位置，你又会产生哪些发现？用简单的话将你的发现写出来吧。

情境三：请认真回想你平时接触和见到的各种物品，在这些物品中，哪种形状比较常见呢？大胆猜一下，这些物品为什么会被制作成这种形状呢？这些不同的形状各自对应着哪些基本的图形呢？你是否准备好了去了解一下这些基本图形的组成部分、特征和各部分的名称？

同学们现在是不是很想探究了解这节课的内容呢？先试着填一下大家的工作表格吧，检验一下是否真的明确自己想要做什么。

2.尝试操作与探究

（1）先根据自己的理解试着回答以上问题。

（2）试着自己用圆规画几个不同大小的圆，在画圆的过程中有哪些发现？如果圆没有画好或者把圆画错了，试着总结一下自己主要有哪些问题？能不能将你画圆时发现的小窍门分享给同学们呢？

（3）如果你来做情境一的小老师，你要怎样给同学们排列位置呢？你能将排列的方式画出来吗？

（4）画好同学们的排列位置后，你能将每个同学抢夺红旗的路线画出来吗？让我们一起来了解一下在教材上，插在地上的红旗对应的是圆的什么？这些"路线"又是圆的什么呢？大家再动脑筋想一想，在一个圆中，这些路线有什么特点呢？

名称：_____。 特点：_____。

（四）以自学尝试为主线的课堂教学活动

这种类型的学习活动要求学生在教师的正确引导下，对新的问题进行思考。对这种学习活动来讲，正确的抽象概括是其主要因素，学生尝试发现和构建数学模型是活动的主要过程。

例如，在学习例题"一个商店运进4箱热水瓶，每箱是12个，每个热水瓶卖20元，这些热水瓶一共可以卖多少元？"时，有教师设计了这样的教学过程。

1. 出示问题

（1）规定学习任务。

我们今天要继续学习运用数学知识解决我们在生活中遇到的问题。

（2）提出问题，带领学生尝试解决。

"文具店里一共有 20 盒乒乓球，每盒有 6 个，每个乒乓球卖 2 元，这些乒乓球一共可以卖多少元钱？"

2. 自学教材

（1）激发学习动机。

大家开动脑筋，看谁可以先解决这个问题？

（2）学习一下教材中解决例题的方式，再思考如何解决这个问题？

（3）提出问题，引导思考。

解决教材中这个问题有哪些需要注意的地方？在教材中，第一步是从哪里开始解决的？为什么要这么做？

3. 尝试练习

现在请同学们自己试着解答这个问题（邀请水平不同的学生在黑板上演示解决方法）。

4. 学生讨论

（1）由在黑板上演示自己解题过程的学生讲解自己的思路。

（2）引导学生对实例的合理性进行讨论。教师应抓住课程重点再开展授课活动，对解题思路有清晰、明确的了解与分析。

……

（五）以小组讨论为主线的课堂教学活动

在进行这类教学活动时，教师带领学生以小组合作的形式展开研究分析，形成新的认知。在此过程中，小组讨论的质量、过程与方式都成为主要的活动因素，主要学习过程为学生提出计划、做出与问题相关的合理表述、团队合作找出解决问题的办法。

例如，在学习"平均数的认识"时，有教师设计了以下教学过程。

1.情境呈现

社区准备为社区居民建造一个公共游泳池，计划一次可供 100 人同时使用，并且要保证每位居民有 2 平方米的活动空间。考虑到使用游泳池的居民不只有成人，还会有小孩，且并非所有居民都会游泳，所以要设置深水区、浅水区和儿童区，平均水深为 2 米。如果你是设计师，应怎样解决以下问题？

（1）你认为应设计一个什么形状的游泳池比较合适呢？为什么？

（2）你认为应分别将深水区、浅水区和儿童区设置成多大的区域比较合适？为什么？

（3）你认为应分别将深水区、浅水区和儿童区的深度设置成多少比较合适？为什么？

2.小组活动

（1）小组设计。以小组为单位，讨论并尝试设计方案。

（2）小组交流。小组内相互解释、质疑和交流。

（3）验证方案。小组内对方案进行验证。

（4）形成认知。引导学生尝试着进行大胆的设计并验证，基于小组同学间的充分讨论，使学生对对象的本质特征形成抽象认知。

3.班级交流评价

（1）各小组发布与解释成果，并形成相互评价。

（2）组内修正自己的方案与结论。

4.理解性练习

……

第四章 小学数学课堂有效教学方法

第一节 教育游戏在小学数学课堂教学中的应用

一、教育游戏的概念与特征

（一）游戏的概念

动物的世界中也有教育游戏的存在。通常情况下，动物大多生活在自己非常熟悉的环境中，在长久的积累中，形成了各种生存本领，它们会以简单的游戏，训练自己的生存能力，或者通过游戏将自身的生存经验与本领传授给幼崽。人类为了满足自身生存与发展的需要，在人类社会中也不断有各种能锻炼人类生存能力、提高人类智力或是满足人类娱乐需求的游戏。对于游戏，东西方国家的见解不同。亚里士多德指出，游戏是劳作后的休息和消遣，本身不带有任何目的性的行为活动；柏拉图认为，游戏实质上就是意识层面进行的模仿活动，与人类、动物生存发展的需求相符。从社会学的层面上讲，游戏属于一种社会活动。在进入了康德时期后，人们对游戏进行深入的研究，对游戏的认知也发生了改变，这一时期的学者指出游戏已发展出了自身的领域。例如，德国的沃尔夫冈认为游戏需要通过规则、道具来构建，其构建的过程表现出了明确的目的性。游戏还具有变化性、竞争性等特点，人们积极参与游戏活动，其自身的娱乐需要在游戏中得到满足。游戏与现实世界之间有密切的联系，同时，游戏世界与现实世界相对独立，而人类的经验能够在这两个相对独立的世界中顺利通行，在这两个世界中都能感受到自由与平等①。荷兰学者胡青伊定义游戏为一种可供人消遣的自愿性活动，其发生和进行需要有一定的时间和空间条件，参与者自由接受游戏的规则，自愿在游戏时空中接受其规则的绝对约束，游戏可以使人产生愉悦、紧张等情绪，使人产生不同于真实生活的感受和意识。②

在游戏方面有很多种理论。从人类本能的角度上看，人类常常会尝试各种办法使自己在物质、精神等层层的社会束缚中体会自由，而这些方法就是游戏。站在实践理论的角度上看，人类的日常生活与游戏密切相关。从剩余能量的层面上讲，人类可以通过游戏释放能量，参与游戏中的竞争性活动释放多余的能量是参与游戏的目的。从宣泄理论上看，人的欲望被压制就会促成游戏的产生，游戏属于一种替代行为。

严肃游戏可以使参与者产生更深刻的理解，这类游戏常见于很多领域，如医疗、培训、教育、军事、科研等。严肃游戏主要有两大特点。一是可以激发人类对相关领域的求知欲与兴趣；二是教育游戏被归纳于严肃游戏范畴，教育理论为教育游戏的开发提供了充分的理论支持，而教育游戏又可以作为一种教学工具，以寓教于乐的形式促进教育目标顺利的完成。

国外对教育游戏有教育和娱乐两个方面的理解③，认为可以通过游戏的方式引导教育的展开，从而达成教育目的。如今，如何借助电脑游戏充分展现教育的内容，促进教育目的的实现是一些西方国家主要的研究方向。目前，国内对教育游戏的定义仍未做出统一的界定。但无论从哪一角度上看，教育游戏的游戏性与启发性都是毋庸置疑的。笔者通过查询相关资料了解到，人们曾定义教育游戏为一种具有游戏性质的计算机软件，可通过该软件培养游戏使用者的知识、智力、价值观、技能、情感、态度等，对游戏者具有一定的教育意义。计算机中的教育游戏类软件不仅有强大的教育理论支持，还有丰富多样的学习元素，可以将学生的积极性充分调动起来，使其能更积极自觉地参与学习活动中，帮助学生树立良好的价值观念与情感意识，并使其知识、技能不断提高。益智类游戏也可以归为教育游戏，通常益智类的教育游

① 银雯 . 教育游戏在小学数学中的应用研究 [J]. 新课程（下），2013 (7) :15-15.

② 刘霞 . 教育游戏在小学数学中的应用探究 [J]. 读写算（教育教学研究），2015 (47) :161.

③ 刘彬 . 教育游戏在小学数学互动教学中的应用 [J]. 雪莲，2015 (36) :133.

戏主要有两种，一种为在学习与生活中应用频率较高的益智类游戏，如能启蒙幼儿智力发展的小熊搬家等游戏；另一种为具有较强教育性的教育软件，这种教育类游戏软件兼具娱乐性与教育性，其内容通常具有系统的教育内容与明确的教育目的，可以使学生在玩耍的同时对教育内容有较为生动、深刻的理解，进而促进教育目标的实现。[①]

（二）教育游戏的特征

1.具有教育性

教育游戏可以从某一方面对学生进行生动、有效的教育，从而促使其形成正确的价值观念。教育游戏中通常有逼真、生动的人物、环节、情境设计，学生可从中获得身临其境般的教学体验。在此过程中，学生可以获得更加开阔的视野，从细微之处发现问题并逐渐掌握解决问题的方法与技能。将教育游戏与学习相结合，有助于推进教育目标顺利实现。

2.具有趣味性

教育游戏有非常明确的规则，如游戏方法、胜利条件、积分等。与传统游戏不同的是，教育游戏可以使学生获得非常愉悦、美好的体验，帮助其更快地融入学习环境，提高学生的学习效率。教育游戏中竞争、挑战的因素可以对学生的求知欲造成强烈的刺激，激发学生的潜力，提高学生的专注力，推进教学目标的实现。

3.具有竞争性

在联网的情况下，计算机自带游戏闯关、人和人之间交互性都是对原先游戏的挑战以及超越。人们比较喜欢竞争，把这一特性融入游戏中，更易激发学生自身的潜能，调动其自身的积极性，让学生愉悦地进行学习，增强其创造性，激发其好胜心。

4.具有虚拟性

教育游戏是创设者通过计算机技术创建的，游戏的情景在生活中无法体会到。它的虚拟性主要体现在美妙音乐、优美风景以及精美画面上，为学习

---

① 葛致利．关于教育游戏与小学数学融合途径的探讨 [J]. 新课程（中），2016 (10) :48.

者营造出一种放松的氛围，不仅可以让学习目标得以实现，还能让学生的学习效率、情感素养得到进一步提高。

5. 具有规则性

不仅现实世界有纪律的约束，游戏世界同样受到纪律的约束，所有学生在游戏世界里也应严格遵循相关规则制度。规则是为了维护世界秩序形成的约束性要求，有利于维护社会的公平公正。在公平的环境中，世界比赛才能有序进行。教育游戏也因其存在各种公平公正的规则、制度，使教育与娱乐能稳定进行下去。

6. 具有互动性

个体进入教育游戏中，获得了游戏角色后，游戏内容也会随之发生一定的变化，这就是教育游戏互动性的体现。在单机类的教育游戏中，学生完成某种游戏要求后，计算机会向学生提供下一关的学习内容或者提示学生完成探索。团体游戏通过团队成员之间的合作、互动体现教育游戏的互动性。

二、教育游戏应用于小学数学教学的基本条件

为了将小学数学教学实践活动与教育游戏更好地融合在一起，学校应开设信息技术课程，并配备良好可靠的硬件环境与高信息技术水平的教师，同时国家应提供政策方面的支持。只有做好了以上准备，才可能将小学数学教学与教育游戏完美结合，将教育游戏寓教于乐的优势充分发挥出来。

（一）硬件环境

教育游戏软件的运行离不开计算机环境，有些教育游戏软件的运行甚至离不开网络环境。因此，在向课堂引入教育游戏之前，应充分考虑学校中的硬件设施是否完备。随着信息化在中小学教育中的快速普及，越来越多的学校建设了网络教室与微机室，为教育游戏在数学课堂中的普及应用提供了便利。

（二）信息技术课程的开设

教育游戏要求学生熟练使用鼠标键盘进行简单的计算机操作，为满足这

一要求，需要学校开设信息技术课程，并建设良好的计算机课程环境基础，为课堂教学与教育游戏的有机结合提供可靠的物质设备保障与技术保障。

（三）课堂结构的变化

传统课堂的结构随着新课程改革的推行，发生了巨大的变化，教学目的也从原本的促进学生综合素质有效提高转变为扩展学生的思维能力与动手能力。随着新课改的实行，越来越多的教师尝试着在传统教学方式的基础上进行调整，以促进学生学习效率与学习兴趣的提升。

（四）教师信息技术水平的提高

教育游戏在课堂教学应用过程中，需要教师的指导和监督，这要求指导教师具有较高的信息技术水平。只有这样，教师才能在教学过程中，给予学生适合的指导，并在教学中充分地发挥指导作用。

（五）政策支持

我国实行素质教育多年，教育改革不断开展深入，教师们不断尝试着将课堂教学与多媒体技术、虚拟技术等新技术手段相结合，激发学生的学习兴趣，打造更好的课堂教学氛围。教育教学与教学游戏的结合还需要政府与学校在政策与制度方面提供支持，使教师真正发挥出教育游戏的作用，获得更好的教学效果。

只有以上条件得到满足，才能真正实现教育游戏与小学数学教学的有机结合。对此，教师应按照国家、学校的相关政策规定，对多媒体教室合理应用，使用恰当的教育手段，营造健康、积极的学习环境，向学生展现更加生动的学习内容，将学生的兴趣充分激发出来，提高教学效率，合理利用教育游戏进行学科教学，从而引导学生健康全面地发展。

三、教育游戏与小学数学教学结合的价值

柏拉图认为，游戏可以引导出孩子的学习天性，因此他主张以游戏方式教育下一代。教育游戏的基本思想在于顺应人类文明发展的历史潮流，其基本目标和实现方法在于促进学习者真正将"生活的体验与乐趣"和"学习的目的与手段"融合，使学习者快乐地学习。学习者只有自发主动地学习，才

能获得最好的学习效果。

教育游戏兼具游戏性与教育性两大特征，其游戏性主要表现是：教育游戏是一种以教育理念为支持，以小学数学教学的应用价值为核心的游戏，其本身是为未成年准备的绿色健康、充满引导教育性质内容的游戏娱乐平台，与网络游戏平台不同的是，教育游戏不含欺骗、血腥、暴力等负面因素，实现了娱乐、知识、教育三个层面的有机统一。其教育性主要表现是：教育游戏是围绕小学数学教学开发的一种教育手段，具有小学数学学科教学的特点。教育游戏具有以下几个方面的教学应用价值。

（一）能激发学生的学习动机

教育游戏的挑战性、互动性、奇幻性与趣味性可以将学生的兴趣充分调动起来，促使学生产生强烈的学习动机。具有竞争性的教育游戏会对学生形成一定的刺激，引导其在与自己或他人挑战的过程中，始终对学习有较高的兴趣。学生可以与同学在游戏中单人竞技，也可以组成多人团队，相互合作共同完成任务或进行比赛，促使学生在竞争与合作中逐渐形成良好的团队合作意识，整个过程始终保持较强的学习动机。古代战争类的游戏能够极大地引起学生的兴趣，鼓励学生为了胜利将自身的计算能力努力提高，在游戏的过程中，学生不仅会因为游戏成功产生喜悦与自信，还能逐渐掌握小学数学计算能力，同时还能切身体会到数学的魅力与价值，从而对数学知识产生更大的学习兴趣。

（二）能够适应学生个体差异

在教学中，学生普遍存在个体差异，而教学的一项重要目标就是让每个学生都能得到成长与全面的发展。在教育游戏中，教学任务通常被划分成多个不同的难度等级，可以满足各个学习阶段和知识掌握水平的学生的需要。例如，有一款教育游戏要求学生对观测到的几何图形计算面积，该游戏有简单与困难两种模式，简单模式向学生提供了计算图形面积时会用到的计算公式，比较适用于初学者，有助于初学者加深对所学公式的印象；困难模式更适合对公式有一定熟悉程度的学生，该模式不为学生提供面积公式，对于已经记住公式的学生而言，具有一定的挑战性，更能引起学生学习的兴趣。

（三）能使学生得到全面发展

学生通过教育游戏不仅可以学习知识与技能，还能提高自身的认知水平，形成良好健康的价值取向与情感态度。下面仅简单介绍几个方面。

1.情感交流

在人类精神世界中，有情感与认知两个重要的组成部分，这两个部分密切相连，不可分割。对大部分学生而言，认知学习只能锻炼人的心智，是一种发生在"颈部之上"的生理性学习，对学生的个人意识的形成与感情的引导没有实际作用。而情感交流不仅能引起学生对学习的情感，还能帮助学生学习和掌握丰富的知识，是真正有意义的学习。

教育游戏所采用的就是情感交流的方式，将生活中的实际事例抽象化，再现为故事情节，营造符合人们想象的情境，激发学生的兴趣，引发学生关注与思考。教育游戏中的故事往往非常生动，游戏环节的设计构思精巧，可以促进游戏者与游戏产生密切的互动，促使游戏者与故事中的人物发生情感交流，游戏者全身心地投入其中，与游戏中的角色感同身受、同喜同悲，获得丰富精彩的游戏体验。而游戏具有的不可预见性及其所含的悬念因素也会引导游戏者更加深入地投入游戏当中。

2.美育

教育游戏中有精美的图像、悦耳的声音和能引人入胜的文字信息，游戏者在用图文、声音精心设计的美好的游戏世界中，获得听觉和视觉上的双重享受；图文、声音结合打造出了精彩的情节，促进游戏者在故事情节中思考和学习，不断激起游戏者内心世界的共鸣，使其获得超越感官刺激的审美体验与情感体感。游戏者在玩游戏的过程中会受其潜移默化的影响，不断获取丰富的知识与技能，促使其自身的知识技能快速提升，同时形成良好健康的情感意识与价值取向。

四、教育游戏应用于小学数学教学的必要性

（一）从学生来看

对于大部分小学生来说，学习数学是一个比较枯燥的过程，厌烦的情绪

会对学习效果产生很大的负面影响。而在数学教学与教育游戏融为一体后，学生可以在游戏中充分利用所学的数学知识与人竞争或合作，完成稍具挑战性的游戏任务。有时，为了在游戏的竞争环节中脱颖而出，获得胜利，学生会主动学习更多的数学知识，这种教育方式极大地提高了学生的主动性与积极性。在游戏过程中，学生会逐渐形成用自身积累的知识解决问题的习惯，其自主学习能力与创新能力也会不断提高。在教学过程中，教师可通过了解学生在教育游戏中的通关进度而了解学生的学习情况，并了解到学生之间的个性差异、兴趣、特点等，并以此为依据，采取恰当的教学手段，对学生进行针对性教育。

（二）从学习内容来看

将具有较强竞技性与趣味性特点的教育游戏与数学教学相结合，可以大大提高学生的学习兴趣，帮助学生熟练掌握和深刻记忆学习内容。教育游戏需要在计算机上才能使用，因此，学生的电脑操作能力也会得到锻炼。学生还可以通过教育游戏，了解很多现实社会中的内容，使自身视野变得更加开阔。

（三）从学习环境来看

将教育游戏应用在教学中，可以通过学习模式与环境的变化引起学生对学习体验感的变化。虽然教师在传统教学模式中也会用到多媒体，但已学习过的话题和一成不变的学习环境容易使学生产生情绪，而利用教育游戏可以有效改善以上问题。

五、教育游戏应用于小学数学课堂教学的方式与策略

（一）应用方式

教育游戏在教学中的应用方式取决于教学环境、教学目标、教学对象、教学设备等。在实际的教学中，教师和学生应根据具体情况采用不同的教学方式。教育游戏在小学数学教学中有四种应用方式，一是提出背景知识，引出教学内容；二是教学过程中巩固练习；三是教学效果评价；四是课后自由练习。

1.用于提出背景知识，引出教学内容

教师在传统的教学模式中，常以提问的形式了解学生对上节课所学知识的掌握程度并导入新一堂课程的教学内容，将已学过和将要学习的知识串联起来，以跳跃式的形式展现在学生面前，然而，小学生比较简单的思维无法真正理解这种衔接形式。对此，教师在进行新旧知识点衔接时，可设计一个简单的教育小游戏，帮助学生通过游戏了解相关的背景知识。在设计教育游戏时，可以将新知识作为游戏通关的关键，以此带动学生积极学习新知识。

2.用于教学过程中的巩固练习

由于小学生保持专注力的时间普遍较短，在整个教学过程中无法始终将注意力放在课堂教学内容上。教师适当地结合教育游戏进行教学，可以吸引学生的注意力，营造积极轻松的课堂氛围，使学生更充分地接受课堂教学，教师还可通过教育游戏让学生进行巩固练习，以加深学生对新知识的理解。

3.用于教学效果评价

在结束新知识的讲授后，教师可通过教育游戏检验学生对课堂知识的了解程度，强化教学效果。教师可利用课堂最后剩余的十几分钟，组织学生利用计算机中的教育游戏检验自身的学习水平，并对学生在游戏中的表现打分，评判学生对知识的掌握程度。

4.用于自由练习

教师也可以利用教育游戏为学生布置一定的练习任务，利用小学生爱玩游戏的特点，引导学生主动自觉地完成练习，对所学知识进行有效的复习与巩固。这种教学方式可减少学生对学习的厌烦，使学生产生更浓厚的学习兴趣，愿意积极主动地完成练习任务。

（二）应用策略

不是所有的教育游戏都可以用在课堂上，也不是全部的教学内容都能以游戏的形式展现出来。小学数学教学与教育游戏的结合应遵守适度、适当和适时三个原则，同时要紧紧围绕着实现教学目标这一核心内容，适当应用教学游戏，才能获得理想的教学效果，否则只会适得其反。

1.要有明确目标

我们应用教育游戏辅助课堂教学的目的是提高教学效率，促进教学任务更好、更顺利地完成。如果为了营造轻松的课堂氛围而对教育游戏盲目滥用，将会导致课堂教学重心偏移，课堂纪律混乱，教学效率效果低下。因此，教师在使用教育游戏进行教学时，一定要紧紧围绕教学目的，开展以实现教学目标为主要任务的教育游戏活动。

2.要保持严肃性

从教育层面上看，教育游戏应具备一定的严肃性，过多的娱乐性与趣味性会导致学生沉迷其中无法专心学习，与原本促进学生学习的初衷背道而驰；教育的严肃性要求教师在教学过程中充分发挥其主导与监督的作用，引导学生树立正确的学习意识和端正的学习态度，合理安排教育游戏在整体教育中的比重，适当游戏不沉迷，将教育游戏严肃的教育意义充分发挥出来。

3.要多种教学手段相结合

不同的教学方法具有不同的优缺点。教师在课堂教学中融入教育游戏时，应对教育游戏的优缺点有充分的了解，做到取其长避其短，灵活结合多种教学手段。只有这样，教师才能将教育游戏的教学作用充分发挥出来，促使教学效果有效提高，促使教学目的顺利实现。

4.要恰当定位教师角色

教师应充分发挥自身在教学中的主导作用，同时重视学生教育主体的地位，适当地利用教育游戏调动学生对教学内容产生浓厚的学习兴趣，将重点放在教学上，而不是任由学生沉迷在教育游戏的游戏性中，对游戏过分关注。教师应有明确的教学目标、强大的课堂把控力和广阔的知识面，能够对学生进行正确有效的引导。在应用教学游戏的教学中，教师需要做好以下三个角色：一是教学活动的主导者，通过教育游戏引导学生积极自觉地学习，逐步实现教学目标；二是参与学习活动的学习者，在面对教育游戏时，教师也可以作为与学生一样的学习者参与虚拟的教育游戏学习过程，站在学生的视角切实了解教育游戏对学生的作用与影响，从中发现问题并加以解决；三是游戏环境的管理者，在利用教育游戏辅助教学时，教师应掌控游戏环境，营造良好健康、导向正确的游戏环境，防止学生受到游戏中的负面影响，从而推进教育目标的实现。

第二节 思维导图在小学数学课堂教学中的应用

一、思维导图概述

（一）思维导图的概念

东尼·博赞认为思维导图是一种记笔记的方法，也是人类思维过程的呈现[1]。可见东尼·博赞对思维导图的界定有"图形"和"工具"两种。但至今没有看到思维导图的严格定义。我国学者赵国庆从广义和狭义两个方面界定思维导图：广义思维导图是概念图上通过线条、图片、关键词有序延伸，帮助使用者本人或其他人能够厘清作者的想法，回顾创作的过程。狭义思维导图是有一个中央节点，不断向周围发散的树状图。

对于思维导图的各类定义，本书更偏重其狭义层面的定义，即非线性、可视化、从中央放射到四周的实用性思维工具，它有助于使用者清晰地梳理思维，促进新的思维产生。思维导图由图像、线条、文字等构成，在表现形式上与大树的分支十分相像，具有拓展延伸的特点。通过思维导图，可以为知识构建层级分明的结构框架，知识越全面，层级划分就越细致，分支就越密集。思维导图和人类大脑神经网络不仅外观上"形似"，更在功能上"神似"。

（二）思维导图的特征

思维导图是一种非线性的可视化思维工具。个体可利用思维导图还原自己的全部思维过程，梳理思维内容，提高自身思维能力。思维导图具有发散性、审美性、聚焦性、逻辑性特点[2]。发散性指其具有从中央向四周放射且

---

[1] 博赞. 思维导图 [M]. 北京：中信出版社，2009:30.

[2] 吴金蓉. 一本书玩转思维导图 [M]. 北京：清华大学出版社，2018:5.

逐级分散的结构，读图者可从中感受作图者条理清晰的思维逻辑；审美性指思维导图的制作通常使用了鲜明的颜色与图形，可以使读图者产生视觉上的良好感受；聚焦性指思维导图的主题十分明确，只有导图中心唯一一个主题，使作图者的意图一目了然；逻辑性指的是每个层级之间都有一定的联系，制图者的逻辑与思路蕴含在其中。

线条、图像、图标、关键词等可以将知识具体地表征出来的视觉手段就是可视化工具，通过这些可视化工具，知识以图解的形式被呈现在人的眼前，能对人的感官造成直接的刺激，有助于个体知识和群体知识的进一步创新与传播[①]。相较于其他可视化工具，思维导图的侧重点在于对个体思维过程的表现上。在实际生活中，人们常用的鱼骨图、流程图等虽然看上去与思维导图非常相似，但其并不具备思维导图的基本规则，且与思维导图存在着本质上的巨大区别，因此都不是真正意义上的思维导图。在教学活动中适当应用可视化工具向学生传授知识，有助于培养学生的学习思维，更好地开展教学活动。

（三）思维导图的分类

思维导图也被称作心智图，指运用图文并重的技巧，把各级主题的关系用相互隶属于相关的层级图表现出来，把主题关键词与图像、颜色等建立记忆链接。思维导图有八种比较常用的基本形式：树状图、桥型图、圆圈图、括号图、气泡图、流程图、双重气泡图、多重流程图。

利用思维导图进行小学数学教学活动，可以帮助学生对知识脉络进行梳理，加深学生对知识的理解，熟练掌握知识，并运用所学知识解决各种问题。在小学教学中，10～12岁的小学生是思维导图的主要读图者，在他们的认知结构中，可以看出其对某知识领域的内容有一定的了解，而通过教师的指导，学生可以逐步对思维导图的功能作用、绘制元素、使用方式等有所了解。思维导图在小学数学教学中有四种常见的类型：流程选择式、主题发散式、数形结合式和提纲挈领式。

流程选择式适合用在综合实践课与寻求问题解决策略两个方面，指对某

---

① 徐晨红，蔡亚萍.概念图、思维导图和思维地图的辨析[J].科教文汇（下旬刊），2010（11）：101，108.

个有问题要解决的项目，思考可靠的解决方法，将这些方法罗列出来的同时做出是与否的判断，由此探索找出真正可以解决此项目问题的最优办法（如图 4-1 所示）。

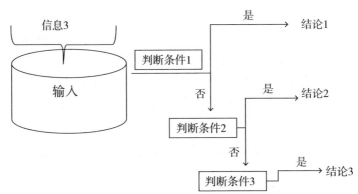

图 4-1　流程选择式思维导图式样

主题发散式常用于解决问题课、概念课、计算机课等课程中，指以主题为中心，向四周发散思维主线，延伸形成多条主干，再延伸形成更多对应的支干。中心主题被主干、支干层层环绕，由关键字、词连接，形成中心向四周扩散的形势，思维从中心延伸到主干，再扩展到支干，可以清楚地表述所有相关信息及其与各部分的联系（如图 4-2 所示）。

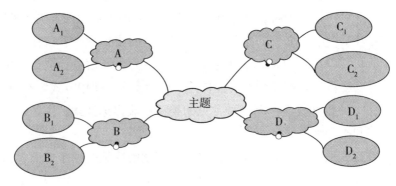

图 4-2　主题发散式思维导图式样

数形结合式常用于几何图形课与解决问题课的教学之中，指利用"以数解形""以形助数"等形式，结合形象直观的空间位置关系、几何图形与抽象的数量关系、语言文字，即结合形象思维与抽象思维，将抽象问题具体化，剖析知识难点，从而解决实际问题（如图 4-3 所示）。

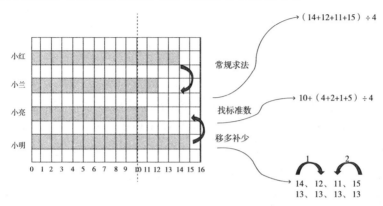

图 4-3　数形结合式思维导图式样

提纲挈领式适用于整理和复习单元知识的课程与概念课，指以知识脉络的形式，对单元知识进行整体上的梳理，以并列的关系模式将知识点呈现出来，再以各个知识点为起点，向外延伸对应的知识内容，做出更具体、全面的阐述（如图 4-4 所示）。

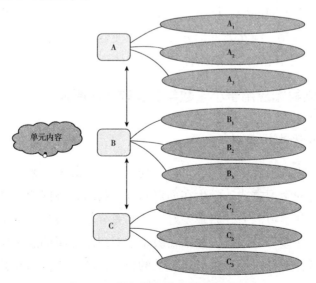

图 4-4　提纲挈领式思维导图式样

所有的思维导图都能应用在小学数学教学过程中，将之用在不同的教学情境中，可解决不同类型的问题。在解决教学问题时，不必拘泥于采用哪种形式的思维导图，只要能将小学数学教学的特点充分体现出来，并与一般的文本记忆区分开来，就能使用思维导图。

（四）思维导图的绘制

思维导图具有主题、图像、分支线以及色彩这几个主要的绘制要素，无论哪个要素，其存在都有一定的意义与作用：主题即代表个体把握不同主题的情况，思维导图的选择正确与否对于整体思维思路的呈现有着深刻的影响；图像可以将信息直观地传达出来，有助于个体更好地记忆下来；分支线可以将个体的思维逻辑清晰完整地体现出来；色彩可以增加思维导图的表现力与可观赏性，引起个体的兴趣。

思维导图可以手工绘制，也可以用软件绘制。我国学者齐伟曾将绘制思维导图的过程细致地讲解了出来，并指出绘制思维导图可以对其应用价值有更深刻的了解。绘制步骤：第一，明确中心主题，将之设定为思维导图的中心；第二，以中心主题为起点绘制与之相关的分支；第三，在各个分支中列出与之相对应的次主题，次主题即用以表达不同层级内容的关键词；第四，将不同的层级分支用不同的颜色标记、区别出来，将内容的逻辑、联系、层次突出表现出来；第五，以此类推，分支与中心主题越远，线条越细，以此将其由中心辐射四周的逻辑性、层次性与发散性体现出来。

二、思维导图应用于小学数学课堂教学的原则

（一）因材施教原则

通过与学生沟通或调查问卷可以发现，对大多数学生来说，思维导图是一种比较新奇的学习方式。学生在面对新鲜事物时，不同的个体所呈现出的态度也不同，其学习能力、兴趣爱好、认知差异等都会导致学生对思维导图的接收程度存在差异。因此，教师在教学中对思维导图的运用应充分考虑不同学生的差异，有针对性地采取更有效的教学方法，尊重选择其他学习方法的学生的想法。

（二）开放性原则

学生接受教育的过程是其自身思想与教师思想互通互融的过程，学生需要在自身知识经验和认知能力的基础上梳理所学单元知识结构，绘制对应的思维导图。学生知识经验与认知水平的差异导致了其绘制单元知识内容时的结果不同。在教学过程中，教师应避免将思维导图与其衡量标准统一化，应在尊重学生个体差异的前提下对学生的创作成果予以鼓励，以开放的态度对学生的创作成果做出多个维度的评价，鼓励学生继续进步，帮助其不断完善思维导图，帮助学生建立完整成熟的数学知识结构。

三、思维导图在小学数学新授课中的应用

（一）新授课中运用思维导图的可行性分析

教师可在教授新的小学数学课程时应用思维导图，将之用于三个教学环节中，即课前导入、探究新知以及最后的课堂小节。

在导入新课时，教师可以在黑板上绘制与新课内容对应的主题图，或者指导学生在练习本上绘制以新课内容为主的主题图。经过自己动手绘图，学生会对所学知识有更进一步的了解，尤其在学习一些几何知识、路程问题等较难理解的内容时，效果更加突出。画完主题图之后，教师应指导学生对此前学过的知识进行回顾，找出其与本堂课学习的新知识内容的联系，共同绘制思维导图的第一条分支。

探究新知即学习新知识的环节，教师可以将其中的一个知识点设置为第二分支的一级分支，引导学生自学或对学生讲述新知内容，完成第二分支，并以这种方法有序地学习其他知识点，架构其他分支的内容。这种教学方法可以帮助学生，对新的教学知识及各个知识点之间的关系有更加直观、清晰的了解。

到了课堂小结这一环节时，完整的思维导图已基本完成，教师可以利用该图引导学生回顾课堂教学的内容，思维导图所呈现的内容与普通板书相比更加完整直观，可以帮助学生更好地理解和掌握知识。

综上所述，运用思维导图辅助小学数学新课程知识内容的授课是可行的，它不仅能促进课堂教学模式的改革，还能充分体现学生的教学主体地位，帮

助学生对新知识有更加直观的了解。

（二）思维导图应用于小学数学新授课教学的建议

在小学数学新课程的授课过程中应用思维导图具有很高的挑战性，这种教学方式与传统的教学方式不同，需要教师预先做好备课工作，也需要学生在教师的引导下将前后所学的知识串联起来，进行头脑风暴。

在准备阶段中，教师可以先围绕新知识，设计出恰当的问题情境，引导学生通过情境，接触和了解本堂课程的教学主题，以此明确教学中心。之后，学生分组，围绕着主题开展交流探究活动，教师提供恰当的指导，帮助学生进一步分析并深入探究相对困难的知识点。最后，教师总结整堂课的教学内容，通过对比、分析和总结，帮助学生完成思维导图。

（三）思维导图应用于小学数学新授课的教学案例——《长方形纸中的数学》

1. 创设情境，唤醒旧知

师：同学们，现在我手中拿着的是一张 A4 纸，请大家用数学的眼光看这张纸，你能发现哪些信息呢？

师：大家能计算出这张纸的面积和周长吗？

生：不能。

师：谁能说一下原因？

生：因为没有说明它的长和宽是多少。

师：那么，如果它的长是 30 厘米，宽是 20 厘米，我们能计算吗？

周长 =（30 + 20）× 2 = 100（cm）

面积 = 30 × 20 = 600（cm^2）

【教师用一张 A4 纸，带领大家联想数学课堂曾讲授过的，认识几何图形的相关内容，引导学生联想长方形面积与周长的算法。在教师的引导下，学生回忆起，求长方形面积与周长时，需要先明确其长与宽的具体数值的知识点，在教师将长与宽的具体数值告知学生后，学生的注意力就会很自然地集中在长方形面积与周长的计算中。】

2.运用旧知，解决问题

找出长方形纸中折最大的正方形。

师：看这个长方形，大家还可以联想到什么图形？

生：正方形。

师：哪位同学可以帮老师用这张长方形的纸折出最大的正方形呢？如果可以一边折纸一边向大家介绍就更好了……同学们，我们一起看 XX 同学是怎么折的，如果你认为他（她）的折法与自己想的一样的话就为他（她）鼓鼓掌，如果哪位同学还有不同的折法就举手上台为大家演示好吗？

（选一名学生折纸）

师：大家看，XX 同学折完了，我们把掌声送给他（她）！

师：这就是这张长方形纸中最大的正方形了，哪位同学可以举手告诉我，它的周长和面积都是多少呢？

（学生举手）

师：我看大家都举手了，老师有一个问题，我们在计算刚刚那个长方形的面积与周长的时候，大家都需要先知道它的长和宽是多少才能计算，现在这个正方形的边长大家是怎么知道的呢？

（学生抢答边长是 20cm）

师：哦，原来如此，那它的周长和面积分别是多少？

周长 = $20 \times 4 = 80$（cm）

面积 = $20 \times 20 = 400$（cm^2）

3.自主探究，探寻方法

将长方形纸对折，求它的周长和面积。

师：现在老师要对折这张纸，有几种折法？

生：两种，可以左右对折，也可以上下对折。

师：如果不计算的话，谁能回答它的面积是多少？

生：$300cm^2$，面积是原来的一半。

师：那折完后边长是不是也变成了原来的一半呢？

生：不是。

师：那我们一起来验证一下好不好？同学们在练习纸上计算一下，看看它的周长变成了多少？

（学生完成练习）

师：很多同学都算出来了，那么周长有没有变成原来的一半呢？

生：没有。

师：大家都发现了，长方形的纸对折之后，长方形的面积变成了原来的一半，但周长却没有变成原来的一半，这是为什么呢？

（引导学生借助直观图形揭示原因）

师：我们现在已经找到原因了，接下来一起观察屏幕上的两个图形，你们能发现什么？

生：两个图形虽然面积相同，但是周长却不一定相同。

师：如果把这个结论反过来说，如果有两个图形周长相同，他们的面积一定相同吗？

4.渗透学法，体会联系

将长方形对折两次，剪掉四分之一，求剩下图形的周长和面积（如图4-5所示）。

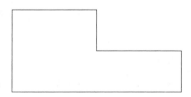

图4-5　减掉四分之一的长方形

师：接下来，我要把这张长方形的纸对折两次，图形在对折后面积会是多少呢？同学们想一想。

师：现在，我把其中一个长方形剪掉，现在，这个图形的面积和周长应该怎么计算？同学们先自己在练习本上画一画，试着算一下，之后可以与同桌互相交流一下想法。

师：在计算周长时，我们可以尝试两种办法，一种是最基础的办法，就是把左右的边的长度加起来，算出边长；我们还可以用平移的办法，把它变成一个比较完整的图形，再来计算它的周长。

师：在计算面积时，我们也有两种方法，一种是把它分割成多个规则的小长方形，用求和的办法计算不规则图形的面积；另一种方法是将它补成一个长方形，减去原本没有的那部分长方形的面积。

师：大家仔细观察一下我们刚刚使用的，计算不规则图形的面积与周长的方法，找一找二者的共同点。

生：两种方法的共同点是都将不规则图形转变成规则图形来计算。

5.回顾总结，体会感悟

师：同学们，这节课你有什么收获?

（引导学生从知识运用、注意问题、解题策略等方面来谈）

在教师的引导下，学生们完成本堂课的思维导图。画思维导图的过程不仅可以帮助学生掌握本堂课所学的知识，还有助于帮助学生构筑一张层次鲜明的知识网，以免知识之间的相互干扰。

（在学生畅谈收获的基础上，总结数学思想方法）

师：曾经有一个人说过"转化转化，就是把'复杂'转化为'简单'，把'不规则'转化为'规则'，把'新知识'转化为'旧知识'的一种重要的数学思想方法。"希望学习了这节课，你能记住转化这一数学思想，并把它应用到今后的数学学习中。

【利用思维导图梳理回顾本堂课学习的知识点，帮助学生充分了解数学思想方法中的"转化"，帮助学生开阔思路，引导学生对学过的内容进行整体的梳理，明晰知识脉络，加强学生理解与记忆知识的能力，以此实现学生学习效率的有效提高】

四、思维导图在小学数学复习课教学中的应用

（一）复习课中运用思维导图的可行性分析

对于复习课而言，其对回顾知识和对所学内容的巩固训练更加重视，教师可以利用复习课引导学生对零碎、分散的知识点进行梳理，建立完整全面的知识脉络，对整体知识有更加系统化的了解。

从本质上看，复习课就是向学生再次展现所学知识的过程，使学生能更扎实地掌握所学知识。有些学生由于初学时就打下了良好的基础，所以在复习时对所学内容仍有很深刻的印象，因此容易失去复习的兴趣，影响复习效果；还有些学生在初学这些知识时就没有理解得很彻底，复习时因为概念模糊，理解不到位，使得复习过程十分困难。这种填鸭式的教学模式难以使学

生多样化的学习需求得到满足，因此复习效果不够理想。

怎样的教学模式能够使学生多元化的学习需要得到满足？怎样才能使学生在有限的课堂教学中掌握尽可能多的知识？这些问题值得我们深思。

我们应对教学思路进行适当的调整，将"因材施教"与"因学施教"有机结合，重视学生的课堂主体地位。教师在开展教学活动时可引导学生借助思维导图整合所学知识，梳理知识脉络，建立知识框架。在复习课上，教师应带领或要求学生以所学知识为依据，绘制出对应的思维导图，画好后小组之间互相交流讨论，完善自己绘制的思维导图，以此帮助学生厘清各种知识点的概念，构建完善的知识框架，在原有机械化记忆的基础上建构更加系统化、多维立体的知识体系，从而提高复习效率。

（二）思维导图应用于小学数学复习课的教学建议

将零碎的知识衔接起来是思维导图最基本的功能，思维导图可以帮助人们归纳、整理知识，从而对知识有更深刻的记忆。因此，在数学复习课中应用思维导图，会取得事半功倍的效果。

在教学中运用思维导图，需要教师先围绕教学主题布置好任务，再将学生划分成多个小组，组织各个小组开展讨论与合作，引导学生对此前学过的知识进行梳理、归纳、分类，以思维导图的形式将之呈现出来；然后，在学生绘制思维导图的过程中，教师可以引导学生适当进行头脑风暴，指导绘制方法，在学生完成导图的绘制后，及时做出恰当的评价；最后，教师需要做好归纳总结的工作，并向学生布置适当的课后作业，帮助学生巩固提高。教师应结合学生对课堂知识掌握的情况设计习题，用以检验学生的学习水平。

（三）思维导图应用于小学数学复习课的教学案例——《长方体和正方体》

1. 汇报交流，梳理知识

师：看老师为你们准备了什么？

生：火柴盒、魔方。

师：它们各是什么形状？

生：火柴盒是长方体，魔方是正方体。

师板书：长方体和正方体。

设计意图：借助日常生活中比较常见的魔方和火柴盒导入教学主题，可以将学生的好奇心充分调动起来，引起学生的注意力，刺激学生产生强烈的学习欲望。

【教师向学生展示火柴盒与魔方，导入本节课的主题"长方体与正方体"。在整个教学过程中，教师始终引导着学生积极参与教学活动，引导学生逐渐了解和掌握课程知识。首先，教师带领学生回顾此前学习的内容，再引导学生通过平面图形与立体图形之间的联系，引导学生观察了解长方体与正方体的特点，再围绕着这两种立体几何开展后续教学活动。在此过程中，教师应时刻关注学生的状态，以学生为学习活动的中心，时刻引导学生向教学目标接近，充分调动学生学习的积极性与主动性，强化学生的学习兴趣与学习动机，尊重学生的主体地位，引导学生主动积极地探索教学知识。教师在完成知识传授后，应引导学生巩固课堂所学，绘制相应的思维导图，使其对课堂知识有更加深入、明确的了解，能够更加牢固地掌握所学知识。】

师：在这堂课上，这个魔方和这盒火柴是我的助教，大家看到这两个"助教"能回想起我们之前学习过的哪些知识点呢？

生：正方体与长方体。

师：我们一起回顾一下正方体与长方体这一单元中的知识点吧。首先，从形状上看，正方体与长方体都有哪些特点呢？

（学生踊跃回答）

师：同学们一起试着用思维导图整理一下这些特点。

（学生按照自己的思路绘制思维导图，在这个过程中，教师一边巡视，一边及时向学生提供恰当的指导）

师：除了这些内容，同学们还学到了哪些知识？

（学生回答）

（教师继续引导学生扩展思维导图）

设计意图：在教师的适当引导下，学生利用思维导图，将本单元所学的知识串联起来，绘制成知识网，以此对所学知识有更深入的理解。

2.运用知识，巧设练习

师：现在，同学们基本都已经按照自己的理解画出了对应的思维导图，能看出来大家对之前学过的知识已经有比较全面的了解了。接下来，老师想要出几个练习题考考大家，了解一下大家的掌握情况，这几个练习题与我们今天的两个助教——火柴盒与魔方有关，大家猜一猜，老师要考你们哪些问题呢？

生1：是不是要计算魔方的体积？

生2：计算火柴盒的表面积是多少？

生3：计算火柴盒的体积是多少？

师：大家猜的都很接近，看来同学们已经胸有成竹了，那么老师开始出题了。

问题一：把火柴盒放在桌面上，它可以接触到桌面的最小和最大面积分别是多少？

（同学们开动小脑筋，一起解答）

师：在解题的过程中我们发现了，在一定的空间里找出合适的物品摆放方法可以有效节省空间。

设计意图：通过以上练习引导学生发现，使用不同的方式摆放物体，所占用的空间面积有所不同，在日常生活中我们可以用这种计算方法合理规划空间。

问题二：某工厂要制作100个老师手中的这种火柴盒，请同学们计算一下，这个工厂最少需要准备多少纸板制作火柴盒的内壳和外壳呢？大家只要列出算式就可以。

（提问几个学生，让他们列出公式）

（不少学生计算了6个面，老师指出错误并指正）

师：我们生活中还常常会碰到只需要计算4个面的问题，如一个长方体柱子，想要计算其油漆面积。同学们能不能想到一些生活中只需要计算5个面的问题？

生：粉刷教室墙壁。

设计意图：问题二通过计算火柴盒的内壳、外壳所用纸板（表面积）的面积大小，以及举生活中的实际例子，让学生进一步体会教学与生活的联系。

问题三：用两个火柴盒拼成一个长方体，这个长方体的表面积、体积与原来两个火柴盒的表面积、体积的和相比有没有变化？如果有变化，变化了多少？

（同桌合作拼一拼，讨论一下）

生1：体积的和没有变化，表面积的和变了。

生2：具体说，表面积的和变小了。

生3：拼的方法不同，表面积减少的也不一样（演示三种拼法，并分别说出减少的表面积，问题三通过拼一拼、议一议，让学生体会在拼组过程中，体积、表面积的变化规律）。

问题四：把一个棱长5cm的魔方完全浸没在一个长方体容器内（水没有溢出），容器的底面是边长10cm的正方形，那么容器里的水面会上升多高？

师：水面上升的那部分水的体积与什么有关？

生：水面上升的那部分水的体积就是魔方的体积。

（让学生独立列出算式，并指定一位学生板书算式，集体订正）

问题五：用一块长3dm、宽2dm、厚1dm的木头，大约可以制作多少个棱长5cm的魔方？

（让学生独立列出算式，并指定一位学生板书算式，集体订正）

设计意图：通过问题四和问题五的练习，培养学生灵活运用体积公式解决实际问题的能力。

问题六：从魔方表面的一层中拿走一个小正方体，魔方的表面积有什么变化？

（分组讨论）

学生出现不同意见：一种意见是没有变化，另一种意见是变化了。

教师分别请代表说一说理由，让学生明确从不同的位置拿，变化情况不一样。从顶点拿，表面积没有变化；从棱中间拿，表面积增加了两个小正方形的面积；从面的中间拿，增加了4个小正方形的面积。

设计意图：问题六通过学生的讨论，让学生明确从不同的位置拿，变化的情况不一样，培养学生的发散性思维。

3.谈话小结，引导求知

师：今天这节课你有什么收获？

生1：巩固了长方体和正方体的表面积、体积方面的知识。

生2：我发现生活中常见的火柴盒、魔方中，竟有这么多数学问题。

师：这说明了数学就在我们身边，我们今后要用数学的眼光观察物体，从中发现问题并解决问题。

第三节　微课在小学数学课堂教学中的应用

一、微课概述

（一）微课的定义与内涵

邓冰指出微课是指按照我国最新的教学课标与教学实践的要求，以视频为主要载体，记录教师在课堂内或者课堂外围绕某一个知识点或者环节而开展的精彩的教学过程和教学活动。根据微课的定义可以看出，关于微课的内涵可以从三个方面进行理解：首先，微课实行的载体是视频，即微课必须要以视频为载体，通过视频展示出来；其次，微课是围绕着某一个知识点或者某一个教学环节开展的，即微课并不是按照课本教学单元进行的，而是教师在教学过程中发现了一个重要的知识点或者较难的知识点，就可以围绕这个知识点进行教学活动的开展；最后，微课记录的是关于某一个知识点或者教学环节的全部教学活动的过程，即微课不仅仅是对于某一个知识点进行简单的回顾或者讲解，而是记录一个教学活动的整个过程。

（二）微课的特点

1.内容少，目标强

微课指在新课程标准的基础上，录制的一段专门详细讲解某一知识点的微视频。这些知识点往往都是教材中的难点、重点或者易错点，呈"点"状零散地分布在教学教材中，内容通常非常精简。这些知识点具有目标单一、明确、针对性强的特点。与知识面宽泛、知识点多且杂的传统课堂教学相比，微课不仅对其中众多的知识点做出了逐一讲解，还从整体上对所有知识点做出了细致的规划和精心的设计，将各个知识点有序衔接起来，加强了教学内容的关联性，使教学内容更加短小精悍。学生在学习微课时，可以自主选择要学习的知识点，从而解除心中的疑惑。

2.时间短，形象化

小学生注意力普遍持久性较低，而微课时间较短，与小学生的认知特点相适应，能够更好地集中学生的注意力。因此，学生通过微课学习数学知识，教学效率将会大大提高。微课的呈现方式具有多样化特点，可以是动画、视频、音频、图片等形式，也可以是多种形式相结合，与课本中单调的图片与文字相比，微课的表现形式更加丰富，更能引起学生的注意，尤其在讲解一些较为抽象的概念时，微课能够将之更直观、具体、形象化地表达出来。学习金字塔理论指出，与普通讲授式教学相比，视听结合的教学方式的教学效率更高，因此，使用微课教学可以使学生更好、更快地掌握所学知识。

3.容量小，易共享

一方面，除了教学视频外，微课资源还包括其他文件，共占据十几兆到几十兆的存储空间，容量较小，便于分享。另一方面，微课中的微视频所使用的媒体形式通常有很高的兼容性，因此其传播与播放非常便捷，从而更好地达到资源共享的目的。

二、微课应用的理论基础

（一）微型学习理论

"微型学习"简称"微学习"，林德纳将其定义为存在于新媒体系统中的学习方式，基本构成要素为微内容与微媒体。西奥·哈格认为"微学习"就是从事短时间、较小学习单元的学习活动。而布鲁克强调了"微学习"的方便快捷性。"微学习"是以平板电脑、智能手机等便携移动电子设备为载体，教学内容以小片段、动态化信息为人们提供便捷的学习方式。微学习有别于系统的课程化学习，它在时间、地域、教学内容等方面都不受限制，可以理解为碎片化学习。

"微学习理论"的理念通过微课得到了很好的体现。最初设计微课的目的就是帮助学生利用空闲时间和碎片化时间，能够随时随地借助通信设备与互联网进行学习，了解自己感兴趣的知识，开阔眼界，拓展自身的知识面。

（二）泛在学习理论

现代信息技术的快速发展与革新使人们的生活变得更加便利，其对人们的影响不仅体现在生活方面，还对教育方面产生了很大的影响。信息时代的到来，大大改变了学生的学习模式，现代信息技术促进了网络技术与教育的有机结合，推动了泛在学习的快速普及。泛在学习是指一种任何人可以在任何地点、任何时刻获取所需信息的方式，泛在学习为学习方式在未来的变革提供了关键思路。泛在学习具有自发互联与物理集成两个重要本质，这两个本质特点可以为学生打造更加便捷、高效的学习方式。

泛在学习主要有以下特征：第一，易获取性，指学习者获取文档、视频等学习资料时，不受时空的限制，可以轻松获取任何科目的学习资料；第二，永久性，所获取的学习资料没有使用时间限制，可以永久使用；第三，及时性，学生可以随时随地使用学习资料进行学习；第四，情境性，泛在学习会为学生提供适宜的情境，帮助学生更快地进入学习状态，强化学习效果；第五，交互性，通过泛在学习平台，学生可以随时就难点、重点学习问题等与同学和老师进行在线沟通交流，随时解惑；第六，适应性，学生可以通过泛在学习平台得到及时有效的教学指导，由此扎实、牢固地掌握教学知识。

"微课"视频及配套辅助资源的总量一般在几十兆左右，视频格式须是支持网络在线播放的流媒体格式，师生可流畅地在线观摩课例、查看教案、课件等辅助资源，也可灵活方便地将其下载保存到终端设备上实现移动学习。"泛在学习"非常适合于教师的观摩、评课、反思和研究。

（三）认知负荷理论

认知负荷理论（Cognitive Load Theory）是1988年由澳大利亚著名认知心理学家约翰·斯威勒等人提出来的。认知负荷指的是人们在信息加工过程中需要投入的认知资源总量，也就是人们在信息加工中施加在工作记忆待处理信息的总量。认知负荷理论的主要基础是资源有限理论和图式理论。人类的记忆主要包括短时记忆（工作记忆）和长时记忆，资源有限理论认为每个人的认知容量是有限的（主要表现在短时记忆上），而短时记忆是信息加工的主要场所，在面对新信息时，其一般能接收、处理或贮存 7±2 个信息组块。如果人类在接受新信息时，超过这个信息量，那么就会出现认知超负荷现象。图式理论主要表现在长时记忆上，长时记忆以图式为基本单元，图式具有复杂性，并且可以自动化，其中的信息被调用到工作记忆时，所调用到的所有信息仅作为一个组块进行加工处理。在个体学习新知识的时候，长时记忆中的图式可以根据所面临的情景进行快速而正确的归类，这种归类是一种自动化的加工过程，它不需要有意识控制和资源消耗，因而可以降低个体的认知负荷[①]。每个学生的认知负荷是有限的，认知负荷理论不仅能够帮助我们更加了解学生的认知容量和学习过程，在微课设计和应用中也能够提供强有力的指导，微课整体及局部的信息承载量要适当，在内容上可以归类学习，促进学习的信息加工。同时在微课资源的选取中，还可以指导我们选择合适的内容案例，避免增加学生的认知理解负担。

三、微课在小学数学教学中的设计与应用策略

（一）根据教学需要选择设计内容

教师设计微课之所以没有吸引力和提不起学生的兴趣，很大部分的原因是微课设计的内容不符合实际，过于理论和空洞，不能够引起学生的共鸣，以及微课设计没有根据教学需要，即教学目标的需要、教师教学需要以及学生学习需要来进行，使设计好的微课没有迎合需求，进而导致其没有吸引力和学生兴趣普遍偏低等问题出现。为了改变这个现状，在进行微课设计时就必须根据教学需要和实际情况来选择设计内容。一方面，微课的设计要紧贴生活实践，根据实践的生活现象和问题来进行微课的设计，将理论与生活联系起来，使得微课内容更加生动具体。例如，在对小学数学《平移和旋转》的微课设计中，就可以将生活中不同物品的运动方式呈现在微课的开篇之处，如平滑门、推拉抽屉、火车车厢、风扇叶片等，通过观看物体不同的运动方式来引出平移与旋转的概念，充分将理论与实践结合起来。另一方面，在微课内容设计上，要综合考虑教学目标的需求、教学计划的需求以及学生对数

---

① 司国东，宋鸿险，赵玉.认知负荷理论基础上的移动学习资源设计策略研究 [J].中国远程教育，2013(9):88-92.

学知识的学习需求来设计，尽量保证微课设计是符合上述这些需求的，这样才能够保证设计好的微课具有吸引力，从而提升学生对微课和数学的学习兴趣。例如，在《平移和旋转》的微课设计中，要结合教材对本节知识点"初步感知、辨别平移和旋转现象"的教学目标需求和学生了解、认识平移与旋转的不同表现方式的学习需求，在具体内容设计中要通过不同物体的实践运动方式，结合讲解将平移与旋转的概念解释清楚，要根据这些物体的运动方式进行分类，并讲解为什么这样进行分类。

（二）准备丰富的配套资源

资源库的完整丰富与否会直接影响到小学数学微课教学设计水平和质量。教师在上课时需要用微课进行教授知识，学生也要利用网络平台进行知识交流，并根据自己对知识的掌握程度自行选择微课继续学习。但是在教师教学和学生学习的过程中都必须要用到微课的资料库，资料库的不完善对教师上课，学生学习的影响很大，不仅影响教师上课的效率，还影响学生获取知识的积极性。所以，要不断完善资料库，使资料库中有丰富的小学生数学相关的资源，这样才能为学生学习，教师教学提供便利。在资料库的建立过程中，需要遵循三个原则：第一，资源库的资料必须保证绝对的有效和正确，教师学生可以用得上，资料一定要充足并且详细完善，这样教师才能更好地上课，学生才能更好地提高学习效率。第二，资源库用起来必须方便简单，资源库面对的不仅是对微课有所了解的年轻老师，还要面对年纪较大的教师，因此资料库的操作设计要方便他们使用。使用资料库的还有低年级学生，由于他们的认知水平以及电脑操作水平有限，所以资源库平台的操作不能太复杂。第三，资源库必须专门进行严格的管理，资源库要及时上传新的资料，并要进行审核，以充实资源库。只有资料库中具备丰富的微课教学资源，才能使教师和学生随时获取想要的学习资料。

（三）科学录制微课视频

微课视频是微课给学生的第一印象，直接影响到学生对微课的好感程度和接受程度。因此，在微课的设计过程中要科学录制微课视频，打造出一个高质量、标准化的微课视频。具体而言，科学录制微课视频应当分三步走：第一，选择合适的、高质量的录制工具，合适的与高质量的录制工具并不代表要贵的录制工具，而是能够清晰地、完整地进行视频录制的设备和工具。第二，选定特定场景、特定片断进行微课视频录制，不能够为了省事，直接将课堂上的某一个片断拍摄下来当作微课视频使用，而应当专门针对某一个数学知识点和数学生活现象的解答与介绍进行录制。例如，在对小学数学《周长的认识》进行微课设计时，就可以针对如何认识周长这一个知识点进行微课设计，将这个知识与生活中的"小红绕着操场跑一圈进行体育锻炼"等联系起来进行微课的解答和录制。第三，要对录制好的微课视频进行一定的后期加工处理，将视频做精致，不能够让视频显得粗糙不堪。例如，在对《倍的认识》知识进行微课制作时，可以直接用有高清摄像头的智能手机对微课视频进行录制，在录制过程中，不能简单将对倍的认识相关知识讲解作为视频，要走进生活进行视频录制，如在一群小动物之间数数量或者对一些不同种类水果的数量进行计量。最后，还要对录制好的视频进行简单的加工处理，使微课视频更加精美完整。

（四）不同学段微课设计应当有所区别

由于小学生自身特点，使得小学生在不同年级阶段对数学知识的思维的理解与掌握水平有所区别，尤其是低年级和高年级的区别更加明显。因此，在小学数学微课设计过程中，针对不同年级阶段的数学教学微课设计也应当有所区别。要根据不同阶段小学生自身特点，设计出符合教学内容以及学生自身特点的微课设计。

第一，针对小学低年级数学微课的设计，应当以具体、生动、形象为主，可带有明显的动画、游戏元素，这样才能够充分吸引低年级学生的注意力，能够使微课教学效果充分发挥。如在针对小学二年级数学《平均分》的微课设计中，首先在视频中展示6个桃子，并画出三只小猴子，吸引学生注意力，然后分别讲述一只猴子、两只猴子和三只猴子分别可以获得几个桃子，提出平均分的公平性；然后再分别用水果举例，将平均分与不平均分分别展示，最后总结出平均分的相关知识。

第二，针对小学高年级数学微课的设计，随着小学生进入高年级之后，其理解能力有了一定的提高，自己也有了一定的独立思考能力，并且善于且乐于自己思考，因此在针对高年级的微课设计中，可以加入一些与生活联系的事物，同时多采用提问式以及联系式的方法进行微课设计。在微课设计中多采用引导式的语言，引导学生一步步去发现问题和解决问题。

（五）建立微课反馈机制

微课的教学和学习绝不是教师或者学生单方面的事情，需要双方共同参与才能够实现微课教学效果。针对目前微课主要应用在课前和课后以及学生通过微课自主学习占学习主要地位的现状，需要建立微课自主学习的反馈机制来进一步提高学习效果，通过这个反馈机制来实现师生之间对微课学习的交流，提高教师和学生在微课教学中的共同参与度。教师可以在每堂课正式开始之前，了解课前的微课学习情况，或者让学生互相交流学习心得和体会等方式来实现师生之间的交流和自主学习反馈机制的建立。如在小学数学微课学习完之后，试着让学生对微课视频提出建议以及改进想法，帮助教师进一步改进微课教学，提高教学效果。

第四节　希沃白板在小学数学课堂教学中的应用

一、希沃白板的概念

希沃白板是一款教学专用课件制作软件，与希沃智能交互平板配套使用，可以使教师在实际教学中与学生更融洽地进行现实互动。教师可以利用希沃白板的课堂授课、微视频、教学素材加工、学科工具及云课件自动存储等功能辅助教学。

二、希沃白板应用于小学数学课堂教学的理论基础

（一）有效教学理论

有效教学理论不仅是一门理论科学，更是一门具有实用意义的应用科学，是一个重要的教育学分支。20 世纪上半叶，有效教育理论于西方国家开展

的教学科学化活动中产生。以布鲁姆为代表的一些美国教育家认为，应在向学生有效传授知识的同时重点关注对学生利用知识解决实际问题的能力的培养。换言之，"怎样教"是有效教学理论研究的主要问题。在实际教学中，有效教学理论要求教师充分了解教学活动的客观规律，在物力、时间、精力投入最少的情况下，更好地完成教学任务，实现全面培养和发展学生的能力与个性，进一步提高教学效率，强化教学效果，提高教学效益[①]。

有效教学关注的焦点不仅在于教师的"教"和学生的"学"这两个方面，课堂整体的教学过程也是其重点关注的。教师使用希沃白板进行教学不仅可以充分调动学生的积极性，激发其学习数学的兴趣与热情，还可以帮助教师增大课堂容量和提高课堂中的知识密度，进而提高数学学科的教学效率。有效教学要求教师帮助学生突破知识难点，牢牢把握知识中的重点、要点，扩展知识层面，培养和完善学生的数学思维，帮助学生充分发展和提高自主探究的能力，打造师生、生生之间积极互动、和谐交流的高效课堂。

（二）视听教学理论

视听教学理论的核心是我们经常所说的"经验之塔"理论，这一理论由美国视听教育家戴尔于1946年在《视听教学法》中提出，它认为经验有的是直接方式、有的是间接方式得来的。"经验之塔"是一种关于学习经验分类的理论模型。

我们的实际教学应该从具体经验开始，而后逐步上升到抽象形式。学生只有在积累了一定的具体经验且能够理解真实事物的抽象表现形式后，才能够有效地参加更加抽象的教学活动。在教学中，应该多应用各种教学媒体辅助教学，可以使学生的学习更为具体，从而才能更好地抽象。[②]

希沃白板功能丰富，可以帮助学生通过实际操作理解抽象概念，使学生获得丰富精彩的体验。一方面，该软件的交互功能鼓励学生积极主动地参与课堂教学活动；另一方面，学生可以通过该软件获取各类教学资源，这些教学资源不仅种类丰富，且不断更新，学生可以由此获得更加丰厚的"观察经

---

① 余文森. 有效教学 [M]. 北京：高等教育出版社，2013:1-11.

② 焦丽珍. 神奇的"经验之塔"——《视听教学法之理论》[J]. 现代教育技术，2012，22(6) :126.

验"，基于这些经验对抽象的知识内容有更加明晰具体的理解。

（三）符号互动理论

20 世纪 30 年代，美国的一位实用主义哲学家詹姆斯首次在其著作中提到了符号互动论，它是一种基于社会心理学与社会学两个层面，主张通过观察人类在日常生活环境中的互动行为，来研究和了解人类群体生活的理论。它强调将人类的主体性视作理论研究的前提，以个体之间在交流互动中产生的经验为主要关注和研究对象。符号互动论指出人类的行为具有一定的社会意义，而多种多样的符号作为人类交流互动的中介，不仅能传递人们行为中的信息，还能表示行为的意义。

希沃白板中有着丰富的"符号"资源，教师可以根据学生的学习情况选取合适的"符号"进行教学。通过希沃白板强大的交互功能可以最大化完成教学互动，从而激发学生的学习兴趣，能够对所学知识进行更深层次的理解。希沃白板使师生之间有了更简单有效的交流，学生更能理解教学内容，教师更加理解学生所有的想法，从而更好地把握课堂。

三、希沃白板在小学数学课堂教学中应用的策略

（一）批注、橡皮擦、移动、拍照、授课助手——教学更加快捷有效

1. 批注 + 橡皮擦

教师在课堂上讲授小学数学知识内容中的重点、难点时，为了提高学生学习的积极性，保证教学质量，需要将各类数学计算格式规范地写出来，通过亲身示范，使学生理解得更加全面、深入。在希沃白板中，其书写功能"批注"就可以做到，这一功能还向教师提供了不同色彩的笔墨与不同粗细的笔画，教师可以使用不同颜色的笔进行批注，如果写错了，还可以用其中的橡皮擦功能将写错部分擦除，甚至可以一键擦除整张页面，十分便捷，大大提高了教师的教学效率。例如，数学教师使用希沃白板教授学生如何解决数学问题时，可以结合学生的回答输出对应的答案，可以对学生提出的疑问灵活处理。将希沃白板的这两大功能与 PPT 结合使用，教师可以根据教学需要对

处于展示状态的 PPT 随时进行批注、修改和擦除，从而有效提高课堂效率。

2.移动

教师可以操作课件上的任何对象，或缩小、或放大、或移动排列等。如果展示的对象太小，坐在教室后排的学生就难以看清，这时，教师就可以将之放大。

3.拍照 + 授课助手

教师经常会在课堂上将部分学生的作业展示出来，带领全班同学进行评价。教师可以利用"授课助手"这一功能，在巡视时对学生的作业随时拍照记录，并上传到授课助手，由此，教师就可以在课堂中展示出来，鼓励学生互评，引导学生之间更充分地进行讨论与交流。

《数学课程标准（2022 年版）》强调，教师应遵循学生的认知规律，在学生对所学内容有一定理解的基础上，帮助学生熟练掌握知识，而不是一味地依靠死记硬背，还要求教师在教学过程中不断强化和巩固学生对知识的学习与记忆。所以，教师应以使学生充分理解为前提进行数学基础知识以及重难点知识的教学。计算是小学数学教学中的核心内容，贯穿于全部的小学数学教学中，学生只有具备了良好的计算能力才能在这一学科中取得优异的成绩。计算虽然看起来比较简单，但却是学生在课堂练习、课后作业以及考试中最易出错的地方，教师如果不能将学生出错的原因及时、精准地分析出来，就难以帮助学生改正和进步。在实际教学过程中，教师可以利用希沃白板的授课助手功能将学生的错误拍照上传，引导学生认真检验计算结果，批注并纠正错误。在此过程中，教师应引导学生分析出错的根本原因，是乘法口诀记得不牢？还是抄错数？或者是计算的时候没有进位或退位？找出原因后再对学生进行有针对性的训练，强化学生的薄弱之处，提高学生的计算能力。希沃白板的授课助手不仅具备以上功能，其远程操作控制功能可以实现远程操作，教师无论走在教室中的哪个角落，都能够利用手机控制电脑屏幕，实现了一边讲课一边对学生具体学习情况的近距离观察，使教学变得更加有效便捷。

（二）课堂活动、计时器、随机抽号——课堂更加丰富有趣

《义务教育数学课程标准（2022 年版）》强调在教学过程中，教师只

是一个知识传递者和引导者，学生才是教学过程的主体。统计调查问卷发现，大部分学生愿意主动积极地使用希沃白板进行学习和互动，尤其是"课堂活动"模块，深受学生的喜爱。教师利用课堂活动模块可以开展小组竞争、判断对错以及趣味知识配对等教学活动，教师可结合具体授课需要选择不同的教学活动。计算课是小学数学教学的所有课程中相对枯燥的一门课程，很容易导致学生疲劳和走神，利用希沃白板课堂活动模块，教师可以设计各种有趣生动的计算学习、练习活动，将学生的学习兴趣充分调动起来，营造活跃、轻松的课堂氛围，使学生全身心地投入学习活动中，从而对知识有更深入的理解。例如，教师可以设计"摘苹果"计算活动激发学生学习计算的积极性，可以通过判断对错引导学生认真检验和思考，还可以开展图形涂色活动等，提高课堂的趣味性，引导学生积极参与课堂教学活动，在活动中提高自身的计算能力与做题效率。

（三）图片、音乐、视频等多媒体——教学更加多角度多维度

好动、活泼、注意力集中的时间较短、注意力分散是小学生普遍存在的特点，而具体形象的、直观的、展现在事物外部的属性或者特征，更能在实际教学中引起学生的注意力，很多低年级的学生可以很好地掌握具体的、可直接感知的概念。教师可以充分利用学生的这种认知规律，向学生呈现更具体、更直观、更形象的教学内容。学生通常对声音、视频、图片等更加感兴趣，对以这些形式呈现的内容通常能保持更长时间的关注。据此，教师可以利用希沃白板将教学内容制作成声音、图片、视频等多媒体形式，从而提高教学质量和效率。希沃白板在接入多媒体设备后，不需要添加外部链接，可以直接播放多媒体内容，因此解决了在更换设备时因路径被更改而无法播放的问题。利用希沃白板，教师可以对上传好的图片直接进行去背景、裁剪等，或者随时暂停处于播放状态中的视频，截取其中的画面内容，以更丰富多彩的手段将知识呈现出来。小学生很爱听故事，《义务教育数学课程标准（2022年版）》中也指出："让学生在生动具体的情境中学习。"因此，在实际教学中，教师要善于创设生活化的问题情境，这一点尤其重要。数学与生活是相互联系的，生活中处处有数学，在实际教学中，可以将数学知识变成图片、声音，创建一个个丰富的情景活动数学小故事，还可以将知识制作成微课视频，让学生在不同的形式中学习数学知识，同时让学生感受数学的趣味和作

用，增强学生对数学知识的理解。

（四）形状、几何图形、学科工具——变抽象为形象

义务教育数学课程标准将课程内容划分为四个部分，图形与几何便是其中之一，同时也是小学数学教学课程中的重要内容。图形与几何这门课程中有很多比较抽象的知识，需要学生有一定的空间想象能力，而小学生的认知规律、水平及心理发展特点难以为其学习提供足够的支持，因此，小学生学习这门课程通常比较困难。对此，教师应对教学内容精心设计，选择适当的教学方式，引导学生通过对所学知识大胆观察、猜测、推理、实践、验证、合作交流等，对数学知识进行深入地了解和学习。在讲授"空间与图形"这节课的知识内容时，教师可以利用希沃白板中提供的丰富的图形资源帮助学生构建几何空间，形成良好的空间几何思维与意识，从而进一步理解空间几何相关知识。例如，在《认识圆柱》这一课中，教师可以利用希沃白板演示一些生活中常见的圆柱体的图片，如水杯、灯管等，将圆柱形的概念具体地提炼出来，再利用希沃白板将展示的圆柱体拉长缩短、变大变小、展开、涂色、旋转等，使学生对圆柱体有更加深刻和直观的了解，简化数学问题，协助学生更深入地探索相关知识。在《用量角器画圆》这一课中，教师可以使用希沃白板中的使用圆规、尺子画圆视频教程为学生做示范，按步骤引导学生学习圆规的使用方法，还可以邀请学生在讲台上演示使用圆规画圆的过程，再组织其余学生评价，设计适当的课堂练习使全班学生都能掌握标准规范的画圆方法。

（五）课件库、课程视频、题库——辅助备课，多样化学习

希沃白板有着强大的数据库，"课件库"为教师们提供了大量来自一线教师授课的课件，只要绑定相关的教材版本和年级，就能按照章节顺序找到各种课件，而且全是免费获取，教师可以随时随地、轻松取用，在原有课件的基础上结合自己的实际情况加以修改，就可成为自己的授课课件，这在很大程度上节省了教师备课的时间和精力。

希沃白板的"课程视频"功能中包含大量的教学视频资源，覆盖范围从小学至高中的每一个阶段。教师可以在制作备课课件时适当应用课程视频，这样在授课时，就可以在非网络环境中播放教学视频，使用教学视频，教师

可以在不制作微课情况下用更短的时间完成备课。教师还可以导出教学视频，发给学生，鼓励学生主动预习。现代教育非常注重对学生自主学习能力的培养，要想学生能够积极主动地学习，仅凭枯燥的课本知识是无法调动学生的学习兴趣的，而"课程视频"中精彩生动、有趣形象的知识点讲解能够很好地引起学生的注意，这些视频大多数时长为 35 分钟左右，内容形象直观，讲解细致到位，易于学生理解吸收。如果教师在教学过程中配合使用课程视频与课前预习单，就能够持续、有效地提高学生的自主学习能力。总而言之，教师既可以将视频用于课堂教学中，又可以将之用于学生的课前预习上，还可以将之用在学生的课后复习时，帮助学生更扎实地掌握教学知识点，提高学生的知识水平与自主学习能力。

学科工具中"题库"功能收录了各种类型的练习题，涉及从小学到高中各个年级阶段的所有知识点，每一道练习题都有对应的解析与答案，教师可以结合备课需要选择适当的试题，将之插入备课课件中使用。希沃白板的这一功能为教师备课提供了丰富的课题资源供其选择，极大地方便了教学。

第五节　导学案在小学数学课堂教学中的应用

一、导学案的概念

"导学案"的概念界定重点在"导学"二字上，根源在于《现代汉语新词词典》上给"导学"的定义是引导学习，亢世勇和刘海润在《现代汉语新词语词典》上给"导学"的定义是引导或指导学习。目前在教育领域对导学案概念的几种界定观点如下："导学案"是一种导学方案，即导学方案（Guided Learning Plan）是在新课程标准下，教师根据学生的认知水平，结合教学实际，设计教学过程，引导学生完成一定的目标任务，充分调动每个学生的学习激情，真正达到"减负增效""高效课堂"的目的。[①]

"导学案"是一种由教师以学生认知水平、课标要求与自身知识经验为依据编写出来的书面学习方案，可供学生用于课内自学与课外预习。"导学案"遵照"先学后教，教学合一"的原则，以培养学生形成良好的自主学习能力和意识为目的，面向全体学生，要求在教师的引导下，每一个学生都能够掌握学科知识，提高自主学习能力与认知能力。"导学案"坚持学生在教学过程中的主体地位，主张师生相互配合，共同完成教学任务，要求学生在教师的引导下，形成自主探索和学习的能力，促进自我能力的发展与提升。[②]

"导学案"是一种可靠的学习材料，是由教师为教学编写的，综合教学目标、步骤、方法、知识重点、预习任务、评价任务等多个内容为一体的学习材料。

综上可知，"导学案"是教师在对小学数学知识体系有整体把握的基础上，以学生认知能力发展水平为前提，依据当前小学数学学科义务教育课程标准，结合学校的规章制度与教学原则设计制定的学习方案。"导学案"由共学单、拓学单、预学单和练学单四部分构成，共学单强调学生自主的"学"和教师引导性的"教"；拓学单关注拓展学生的思维；预学单要求教学知识上的重难点、教学目标要体现在习题中；练学单中包含本节内容的相关练习题，以此测验学生对知识点的掌握情况，同时巩固学习效果。

二、导学案的作用

教师应结合学生当前的发展水平编制与之相适应的导学案，将学生对学习的积极性和兴趣充分调动出来，引导学生积极自主地投入学习当中。另外，导学案要求其中编制的习题与数学知识的结构框架、逻辑体系相符，以此提高学生学习数学的自信心。导学案主要有以下作用：

（一）有助于更好地实现教师的"教"与学生的"学"

"导学案"教学模式是基于目前教育的实际情况制定的导学方案，与传统"教师主讲"的教学模式相对比，前者能够更深层次地挖掘学生学习数

---

① 高飞.导学案教学模式的实践与思考 [J].科教文汇（下旬刊），2013 (6):142+146.

② 丁美玲.导学案教学模式实施研究 [J].教育教学论坛，2013 (43):76-77.

学知识的欲望需求，能够更全面地调动学生学习数学的积极性，使学生更快地形成良好的数学思维与问题意识，引导小学生在此过程中发现数学的美与价值。

（二）有助于激发学生学习数学的主动性，真正成为学习的主体

教师在设计导学案时，需要结合教材知识与具体的学生学习情况进行设计，只有将学生的学习情况充分地考虑在内，才能真正发挥其对学生的激励作用，帮助学生产生足够的自信，从而使学生积极主动地学习课堂知识，使学生真正成为学习的主体。

（三）有助于学生养成良好的数学学习习惯

小学是学生培养良好学习习惯的重要阶段，导学案可以成为学生的"成长记录袋"，帮助学生养成收集易错题、难题的习惯，记录好自己的"数学成长"过程。学生可以从导学案中养成独立思考、自主探究、反思质疑的良好学习习惯，为以后的数学学习奠定基础。

（四）有助于提升学生的数学素养

小学数学教学的目的不仅在于教导小学生掌握基础的数学知识与技能，还要求小学生获得一定的数学活动实践经验，形成良好的数学思维。在编写导学案之前，教师应先系统地了解教学知识体系与内容，了解学生的认知特点与心理特点，为提高学生的数学思维能力与实践操作能力，围绕"教"与"学"两大基本主题开展教学互动活动，全面、持续地提高全体学生的数学素养。

三、导学案的编写原则

（一）探索性原则

教师在编写导学案时，其中除了学法指导、教学目标等内容，其余绝大部分都应该以问题的形式表现出来。教师在编写时，应结合学生现有的认知水平与实际学习情况，结合教材与课标中的知识要点，提炼出精华的教学内容，并将之以问题的形式展示出来。教师应培养学生自主学习的能力，引导学生自主查阅教材、名师视频讲解等学习资料，自行探索教学问题，从而获

取和掌握新的教学知识。教师还应通过导学案中的学法指导帮助学生掌握科学的学习方法，提高学生自主学习能力。

（二）学生参与性原则

教师在设计导学案时，应对其中的教学内容、方法和步骤进行合理科学的规划设计，尊重学生教学主体的地位，引导学生积极参与教学活动，教师可以通过开展小组学习的方式调动学生学习的积极性，激发其竞争意识，鼓励其在评价讨论环节积极发声，促进其形成发散性思维，不断提高其交流合作能力。

（三）基于学情原则

教师在设计导学案时不仅要考虑教材内容与新课程标准的各项要求，还要对学生的认知情况、实际学习情况及不同的学习层次、个体差异等进行综合考量，设计出最佳的教学方案，教师不仅要从导学案设计的角度了解学情，更要站在课堂教学的角度上了解学情，从而对各个阶段的教学环节作出更为精准的预判。

（四）广泛性原则

在内容方面，导学案虽然依据教学教材进行编制，但其内容不应局限于教材，而应适当融入其他教学材料，从而培养学生的探究能力、创新创造能力与抽象思维能力。教师还应注重培养学生解决问题的能力，引导学生积极探索和总结规律，灵活运用所学知识，促使其形成创造性、发散性的自主学习能力。

四、三大知识模块的"导学案"的编制

（一）"数与代数"导学案的编制

在小学数学阶段，"数与代数"不仅是其最基础的部分，也是其最重要的部分，通过学习"数与代数"，学生的运算能力能得到充分的锻炼和提高。教师在围绕这一部分内容设计"导学案"时，应先从纵向与横向两个角度明确知识点之间的联系，帮助学生厘清知识的关系，构建清晰的知识框架，使

学生无论面对哪种题型，都能够正确运用知识点去解答问题。教师还应引导学生细心发现生活中的"数"，如教师可以在讲授"第几"的相关知识时，在"导学案"中设计这样的题型：

（1）你家住在第（　　　）层楼。

（2）你坐在第（　　　）小组第（　　　）个。

（3）你做课间操时，站在第（　　　）排第（　　　）个。

学生的整个学习生涯都离不开数的运算，学生的符号意识与对"数"的直观感受，都会对其学习另外三个模块的知识产生影响。教师在设计预学单时应充分考虑学生现阶段对数的感知水平；设计练学单时应综合考虑学生的计算能力与水平；设计共学单时应着眼于充分激发学生学习数学的兴趣；设计拓学单时应着眼于调动学生探索数学知识的欲望。教师在"数与代数"思维的基础上完成"导学案"的设计，以使其导学的作用更好地发挥出来。

（二）"图形与几何"导学案的编制

教师在编制"图形与几何"这部分教学内容的导学案时，应着眼于调动学生的好奇心与学习兴趣，引导学生对平面图形与立体图形进行认真观察，将书本上的知识点与日常生活中常见的物体联系起来，引导学生发现和认识教材中几何图形的性质与特点，使其对教学知识有更加深入的了解。教师应以多媒体教学工具配合导学案共同发挥教学作用。在讲授立体图形时，教师可以通过多媒体工具，向学生演示立体图形的三维形象与运动时的动态形象，培养学生的空间想象能力，进而提高教学效果。在导学案中的教学效果评价环节中，教师可以利用分发的学具，带领学生亲自动手拼出几何图形，用触觉、视觉等多重感官感受平面图形与立体图形的特点，由此找出其中的联系与区别。学生在拼图过程中，其观察能力与空间推理能力也将得有效提高。

（三）"统计与概率"导学案的编制

《义务教育数学课程标准（2022版）》对"统计与概念"这一部分的知识做出了重点强调和详细的论述。统计以"数据分析"为核心，教师在编制这一部分内容的导学案时，应从实际生活中挖掘多种常见素材，着眼于激发学生的学习兴趣，培养学生对数学的热爱，拉近其与数学之间的距离，引导学生感受到生活中处处存在的数据。鼓励学生通过分析数据获得更多有效信息是统计教学的重要教学目标,为此,教师在设计导学案时,不仅要明确《义务教育数学课程标准(2022年版)》对不同学习阶段的学生提出的不同要求,还要细心、耐心地制定与各个学习阶段相适应的导学案。在教学过程中,教师应在了解数据收集、描述和分析过程的基础上,引导学生积极探索分析数据中潜藏的信息,使学生对身边发生的随机现象有正确的理解,明确概率和统计的普遍性及重要性。

五、导学案应用的基本环节

(一)预习环节

导学案会预先发放到学生手中,其中的学习目标、学法指导、难重点知识等可以为学生提供可靠指导。导学案中设计的问题引导学生自主预习,通过学生自主探究、学习、思考、检测、分析、了解新知识,主动查阅资料解答学习过程的疑惑,掌握重难点知识,最后养成自主学习的习惯并具备自主学习的能力。需要注意的是,导学案通常提前一天发放到学生手中。

(二)探究讨论环节

教师根据导学案设置的问题或者以学生在预习后未解决的问题为依据,创设一定的教学情境,再组织学生以小组为单位,对以上问题进行独立思考,并引导学生与组内成员互相交流讨论,表达各自的想法,促使学生共同进步。例如,在学习"线的认识"这节课的内容时,由于学生通过课前预习已经对教学内容有了一定的了解,所以教师可以进一步深入讲解教学内容,引导学生找出三种线的联系与区别,并鼓励学生积极讨论并完成表4-1,加深学生对本节课教学内容的理解,使学生对每种线的特点与各种线之间的不同有清晰的了解和认知。

表4-1　导学案的应用

	直线	射线	线段
长度			
端点			
与直线关系			
图例			
读法			

（三）展示环节

教师应鼓励和引导学生将讨论得到的最终结果展示出来，如果有小组存在未能解决的问题或是某个或某组学生在讨论的过程中产生了新的疑问，教师可在其提出疑问后选择其他小组为其解惑或纠错；如果在交流讨论后，问题仍未得到解决，教师应及时引导启发，并对小组间展示的讨论结果做出补充与总结，帮助学生更全面、更深入地了解课堂知识，巩固并加深印象。

（四）测试环节

教师根据导学案设计的学习目标，采取分层或统一性的检测，对学生知识的掌握程度进行测试，

（五）点评与小结环节

点评与小结环节是本堂课中最为关键的环节，教师应对学生的预习效果、讨论交流结果等做出及时的评价，以详细、全面的点评引导学生纠正错误，解开疑惑，增强自信心，提高学习热情。教师还应在点评的过程中反复回顾本堂课讲解的学习内容，多次强调重点和难点知识，引导学生建构系统性强、逻辑严谨的知识框架，加深学生的印象。

六、优化导学案在小学数学课堂教学中应用的策略

（一）学校层面

1.完善管理制度

调查发现，学校的管理制度仍需进一步完善是导学案在小学数学教学中应用时存在的一个主要问题。学校监督不到位容易导致导学案教学的形式化，对此，学校应制定完善、有效的管理制度，监督教师严格执行导学案教学模式，并将之与教学实际、教学实践相结合。学校可以将教师使用、编制及评价导学案的情况纳入绩效考核标准，定期评估检测教师对导学案的使用情况，促使导学案在教师教学的过程中真正发挥出其"导学"的作用与价值，避免形式化。

2.组织教学培训

学校工作中最重要的部分就是教学，学校应将教师的教学活动放在首要位置。在实施"导学案"教学的过程中，学校应及时了解教师的需要，使教师的需要尽可能得到满足，鼓励教师尝试新的教学方式与模式，开展更加丰富多元的教学活动，对表现优异的教师予以适当的奖励。对于学校而言，好的管理制度可以将教师的主体性与积极性充分调动出来，使教师自觉改良教学方法，反思教学方式，尝试新的教学理念及办法，努力提高教学效果和效率。学校应为教师开展和创新教学活动，尝试新的教学方法提供有力的支持，配合教师实现更好的教学效果，学校可以经常组织开展教师教学培训，围绕导学案的编制、使用、调整等对教师进行培训，提高教师的专业水准与业务能力，培养其形成良好的探索意识与钻研精神；可以邀请教育领域的专家、知名优秀教师等来学校举办讲座、交流会等，提高教师的教学素养；还可以开展教师交流会、教学研讨会、学区教研活动等，增进教师间的交流，为教师提供拓宽视野、吸收先进经验的机会，从而提高教师的备课能力与教学水平；等等。

（二）教师层面

1.建立"班级数学角"

学生自觉对自己的学习成果进行整理和归纳是其具备自主学习能力的重要表现。教师在利用导学案进行教学时，可将学生中完成得非常优秀或者有很高出错频率的导学单收集起来，引导学生将其通过导学案获得的学习成果主动归纳起来。教师可以在班集体中建立"班级数学角"，用于记录学生们在课堂上的精彩表现，还可以将学生出错频率高的知识点或题型、学生自己动手做的数学模型、书写工整的导学单等收集起来，放在"班级数学角"中展示。教师可以在"班级数学角"中建立知识成长树，每颗成长树对应一个知识模块用于记录导学案中的知识，用这种无处不在的数学文化与数学信息潜移默化地影响学生，帮助学生建立系统化的数学知识脉络并养成良好的数学学习习惯。

2.灵活多样地应用导学案

应用导学案进行教学时常常会受到各种内部与外部因素的影响，所以即便导学案有比较固定的操作流程，也需要结合实际教学内容和情况进行适当的调整，教师在使用导学案时，应结合实际教学内容与具体的教学情况，适当作出调整与取舍。教师在教学中应掌握一定的主动权，能对整体教学有全面的把控，能够在教学过程中结合实际教学情况对导学案做出及时、适时的调整，将导学案的价值与作用真正地发挥出来，不流于形式。

3.养成反思习惯

无论是常规教学还是导学案教学，教师都需要不断反思课堂教学。教师应在进行知识点教学之前，及时检查学生对导学案的携带情况和完成情况，对于学生的不良行为应及时纠正，并结合实际教学情况，及时反思和补充自己设计的导学案。导学案是否有合理、科学的设计，对教师"教"的效果和学生"学"的效果有直接的影响，制定科学合理的导学案要求教师要不断地反思和思考。同时，教师不仅要将关注点放在导学案的使用上，还要对实施导学案后产生的教学效果，及学生的表现保持关注，如学生知识技能水平的提高、情感态度方面发生的变化、在学习过程中产生的问题等，教师应以此为依据，适时适当地调整导学案。

4.加强教师间的合作交流

教学活动不是只有教师或学生个体单人参与的活动，而是一种需要教师与学生共同参与的具有团体性质的活动。在此提出一种能加强教师间合作与交流的、与新课改理念相契合的教学模式——同课异构。同课异构指的是教师结合教材、资料及不同年级阶段的教学计划与实际教学进度等，以自己班级具体教学情况与特点为依据，围绕同一教学课题做出的教学设计，在任何年级教师讲授这一课题的教学内容时，各个年级的教师之间可以互相听课，互相评价和学习，以此取长补短，激发自己教学授课的热情。教师们围绕同一课题的教学效果进行讨论，了解不同年级学生的认识水平和学习能力的差异，以缜密的思考与明确的方向，汇集教师们的集体智慧，找出解决教学问题的最佳办法，形成和谐良好的研讨交流互动氛围，教师间相互合作，充分发挥集体的力量，改善教学方式，实现各个年级阶段教学效果的有效提高。

（三）学生层面

1.按时完成"导学案"

在使用"导学案"进行学习时，学生应该在老师的指导和监督下按时完成"导学案"。"导学案"里的习题是教师根据课程标准的要求，结合教材知识的特点设计的，体现了教师"导"的思维过程，学生要认真完成并对不会的习题进行标记，带着问题进入数学课堂。学生在学习的过程中需要积极地去发现问题、探索问题，注重在自学的过程中通过自己的思考与动手操作去获取新知识，发现知识的规律、性质并和原来已经学习过的知识结合起来，不断扩充自己的知识体系。要相信自己的学习潜力，不断开发自己的学习技能与技巧，发挥自己的学习创造性。

2.积极参与小组合作学习

教师可以通过设计适当的集体性教学实践活动来提高学生解决问题的能力，培养学生主动学习的意识，提高学生的实践操作能力。教师应在组织学生进行小组教学活动时，指明学习目标与方向，在学生与同伴交流的过程中，鼓励学生将自身的观点完整地表达出来，引导学生认真聆听他人的观点并提出自己的看法，帮助学生在智慧、思想交织碰撞的过程中进一步打开想象空间，提高思维能力，调动学习兴趣，激发数学潜能，通过集体讨论共同解决学习方面的问题。教师也应适当参与到学生的讨论中，同时时刻关注学生的思想动态，适时引导和解惑，使学生在掌握数学知识的同时提高自身的创新能力与思维能力。

第五章 小学数学课堂教学中不同思想及数学文化的渗透

第一节 数形结合思想在小学数学课堂教学中的渗透

一、数形结合思想的概念

数形结合思想实质上就是基于图形展开的问题思考，学生在小学时期便会接触到此类思想。数与形是数学的两方面内容，两者彼此转化又紧密相连，将数字与图形串联起来，配合学习者的形象思维与抽象思维同步发展，有助于学习者处理复杂的问题。数形结合大多以两种方式展现：以数解形和以形解数。前者运用数字的准确性赋予图形某些独特的内涵，促使学习者可以快速抓住问题的核心。后者则是在遇到看似复杂以及相对难以理解的内容关系时，能够运用形象的图形加以展现，使用生动形象的方式呈现问题，从而协助学习者抓住本质性的关系。运用此类观点，能够引导学习者在碰到难题没有解题思路时将问题以图形的形式呈现出来，将物量化，不再仅仅是运用一种思维去思考问题，而是能打破思维定式，从不同的视角找寻难题的突破口。数形结合思想不仅是借助数形结合的方法向学习者展示数学学科之美，还促使学习者运用数学的眼光去看待周围事物，把生活中遇到的问题与所学的数学知识有机地联系到一起，进而提高学习者解决问题的能力。在小学数学课堂教学中，教师要利用数形结合思想，通过数字与图形的彼此转换，把数学的知识串联起来，培养学习者比较与分析事物的能力。

数形结合思想不仅能充分确保教师教学的有效性，还可以帮助学习者学好数学这门课，而且可以发散学习者的思维，促使其从多视角思考问题，将复杂的问题简单化，激发学习者的学习热情，培养其数学素养、探索精神和整体意识。教师通过数形结合的思想也可以促使自身的授课更加高效与易懂。

二、数形结合思想的心理学基础

（一）表征理论

表征是学习者头脑中已有知识与新知识的对应与映射。数学表征是数学界已有的认知结构与新知识间的对应，表现形式有以下两种：内部表征主要是指学生的认知结构，具有一定的观念性与内隐性；外部表征主要是指数学知识的形象展现形式，是可以被大众所认知且交流的，具有物质性与外显性，如文字、图像、表格等。

本节主要研究的是外部表征，具体就是"形"与"数"的表征。"形"表征更为直观与具体，由于图形更加贴近现实生活，其传递的信息更加容易被学习者所接受；"数"表征较"形"而言更为抽象，所传递的信息也更为严谨。有鉴于此，在解决各类数学问题时，学习者把"形"与"数"的表征彼此结合综合运用，所获取的有效线索与信息会更多。但是，当数学题目中的表征并不适用于问题的解决时，学习者要借助表征转化获取更加适合的全新表征，更加快速且有效地处理问题。

研究数形结合思想的具体应用现状便是研究在教师授课与学习者学习中符号性表征与图像性表征彼此转化运用的现状。在数学授课中，教师要为学习者提供练习的时间，促使学习者更加透彻地理解"形"表征与"数"表征。在练习中，学习者将自主发觉两者间的内在联系与规律，从而更加高效地学习。

（二）认知建构主义理论

皮亚杰是认知建构主义理论的先锋人物，其指出学习具有建构与适应两种机制，借助原有认知结构与新知识的比较，同化、顺应认知，以求实现认知的平衡。[①] 具体表现为当全新知识的学习要求学习者改变已有认知结构且创建一个全新认知结构时，我们称其为顺应；当全新数学科目的知识可以被纳入学习者已有的认知结构中时，我们称其为同化。

数学的学习主要是指在教师的指导下，学习者依据已有的经验与知识，自觉地建构学习的行为。学习者对数学知识的掌握并非被动地模仿与接受，而是利用自身已有的经验与知识对全新知识进行理解与解释，以实现构建全新认知结构的目的。具体来说，学习者要在教师的引导下，经由亲身体验与实践，自觉地构建关于"形"与"数"的概念，不断强化对"形"与"数"的理解与体验，深度挖掘数学知识间的相互联系，进而构建更加多元的数学思维模式。

三、小学数学课堂教学中渗透数形结合思想的作用

（一）将抽象的数学知识变得直观化

小学数学教学过程中遇到的第一个难题就是将教材上生硬、难懂的数学概念从抽象化变为直观化，以方便学生对数学知识的理解。比如，在教授"分数的意义和性质"内容，表达 1/2 这个概念时，教师可以画一个圆，将这个圆平均分为两个部分，并涂不同的颜色，从而让学生直观地认识 1/2 这一分数。

（二）将隐性的数学规律变得形象化

小学数学知识包含着一些隐性数学规律，这些规律让部分小学生学起来有些蒙头转向。因此，为了使这些抽象的数学规律能更加形象化、显现化和趣味化，让学生能更加容易理解，教师可以运用数形结合的思想来讲解教学内容。比如，在教授"位置与方向"内容时，运用数形结合思想，把学校的一些主要建筑物画在一幅图上，并标注出主要建筑物以及东西南北指向标，如此学生就能清楚地看到各个建筑物的位置与方向了。

---

① 杨文娣. 数形结合在小学数学中的应用 [J]. 课程教育研究，2014 (29): 148.

（三）将复杂的数学题目变得简单化

为了能让学生更加容易理解各个数学条件和数值之间的解题关系及论证关系，教师可以使用数形结合的思想将数学题目中的文字、数值、描述通过图形展示的方式表达出来，以此培养学生良好的解题习惯并找到快速的解题方法。比如，在解决分数知识相关的数学问题"一筐苹果，吃了 3/4 还剩 18 个，求这筐苹果一共有多少个？"时，教师可以引导学生以画正方形的解题方式来理解该题目内容。教师先画出一个被平均分成四份的正方形，然后根据题中的"吃了 3/4"将正方形涂黑三块，还剩一块自然就是 18 个了，那么正方形就是四个 18，即一筐苹果共有 72 个。总之，教师将题目简化就能使学生找到简便快速的解题方法。

（四）将数学题目变得更容易理解

学生在解决数学题目时，经常会因为数学计算问题中关键的知识和核心的计算公式而导致计算错误，无法准确地理解计算题目和出题者的出题思想。因此，为了能将数学题目中的计算问题变得清晰明了，教师需要引导和帮助学生建立数形结合的思想，将数学题目中的依据条件、关键数值、核心公式等信息以图形的方式清晰地表达出来。就如上题苹果的分数解题方式，吃了 3/4 就将正方形涂黑 3/4，剩下一个条件就是"还剩 18 个"，即正方形的 1/4 就是 18 个，如此，学生就很容易理解题意了。

四、在小学数学课堂教学中具体运用数形结合思想

数学学科一直都具有抽象性与严谨性的特点，而小学生正处在由形象思维逐渐向抽象思维发展的关键阶段，抽象且系统的数学知识对小学生而言是乏味的、晦涩的以及枯燥的。运用数形结合思想能使复杂的数量间的关系、数学语言都体现在具体的图形与实物中，便于学生理解相对抽象的知识；从现实生活中抽象出具体的"形"，用更为严谨的数量间的关系来解释"形"，能促使学生对"形"的认知更加深刻。以上阐释了数形结合思想的两种运用方式：以形助数与以数解形。

（一）以形助数

以形助数，即通过"形"来理解"数"，把抽象的问题具象化，使复杂的问题直观化。小学数学中的"形"通常有直角坐标系、实物、线段图、数轴、面积模型图等。下面介绍如何在小学数学教学中以形助数。

1.借助形，认识数

通过图形来认识数字，协助学习者对数字进行准确认知。学习者借助图形表达以及生活实物来实现对数字的初步认知，理解数字内涵，学会运用数字来表达事物的数量，并且借助图形的鲜明对比理解"少"与"多"的内涵；借助数位表、小棒以及计数器，掌握不同数位上的数字所表达的含义，进而理解数字的构成；借助数轴，理解数字与数字间的顺序与联系；借助圆形、线段图与正方形，理解小数、分数的性质与含义；借助韦恩图，把质数、因数、公约数以及倍数清晰地显示出来，做到对两数间的关系一目了然；借助函数图像理解比例的内涵。通过"形"，学习者更加直观且形象地感受数量间的关系。

借助现实生活中的具体实物，能够了解生活中的数量单位，如时间单位、重量单位，学习者做到学习的知识是从生活中来的，又要将知识运用到生活中去。正如杜威曾说过的，拆掉生活与校园的藩篱，学习者既能利用数学的思维方式去解决现实生活中的难题，又能从现实的生活中发现数学的存在。以形助数能帮助学习者灵活运用各类数学知识。

根据学习者的认知发展规律与教材内容呈现的螺旋式编排，"形"体现在由具体向抽象的进步，这顺应了学习者的认知发展规律，激发其学习热情。以形助数增进学习者对数学的理解与认知，形象的实物演示帮助学习者理解与掌握相对抽象的数的性质，加深对数的概念的理解，促进学习者符号感以及数字感的形成，有助于学习者初步形成代数的概念，学会利用数学的符号来表示生活中的现实问题，并运用适当的算法解决。

2.借助形，运算数

借助形算数，可以协助学习者更好地理解算理。数的运算是在掌握"数的认识"相关知识基础之上展开的，计算能力始终是国内数学教育不容忽视的优势，但是随着时代的不断发展，学习者早已不再花费大量时间处理未来极少会遇到的应用题，所以社会发展对复杂且繁琐的数学计算能力的要求日渐下降，更加注重的是学习者能够透彻地理解运算背后的原理。通过圆片、小棒等实物来演示整数间的运算定律；通过圆形、正方形等能够平均分的图形来帮助理解分数的运算法则；通过集合、线段图等相对抽象的图形理解数与数间的运算定律，诸如此类，学习者可以通过"形"更加巧妙地理解与掌握数字的运算法则与规律，边学边做，边做边学，既简化了解题过程，又体会了"数"与"形"的特点，从而达到事半功倍的教学效果。以形助数对数的运算作用同样需要遵循由具象到抽象的发展规律，运用图形的直观且形象的特点，把相对复杂的数量间的关系表述明白，不断加深学习者对数学计算的认知，帮助学习者彻底脱离以往死记硬背的学习模式，做到知其然，更知其所以然，促使学习者能够对数学的意义理解得更加透彻。数形结合使得数学在学习者的脑海中留下的不仅是理论知识，更是智慧的结晶，促使学习者明白计算仅仅是解答难题的方法，却并非学习数学的最终目标。

3.借助形，整理数

图形能够帮助学习者整理数据，具体体现在两方面：一方面是指帮助学习者厘清数量关系的内在逻辑与联系，找出数量关系的规律，为学习者更好地认知数、运用数奠定基础；另一方面是指帮助学习者整理错乱无序的信息与数据，促使数据有规律且完整地展现出来，为学习者分析相关数据做好铺垫。

（1）借助形，呈现数。

第三次工业革命之后，人类进入信息时代，面对海量的数据信息，需要具有全新的数据意识，从错乱无序的数据中收集并整理有效信息，借助数据做出相对正确的决策。比如依据数据的走势预测股票行情。统计图形可以清楚地呈现出收集的纷繁复杂的信息与数据，或确定该数量所占比重，或是发现不同数量的多少，或是预测事物的未来走向，进而帮助大众做出科学且合理的决策。这既培养了学习者对于数据的敏感性与直觉力，使其学会运用随机的理念来诠释世界，又能培养出学习者的统计观念，使其学会运用大量数据进行表达的态度。

（2）借助形，发现数的规律。

"利用图形，寻找数与数间的规律"是小学数学中常见的题目形式。以形助数，促使学习者经历相对有序的探索规律的过程，学会总结规律，发现寻找规律的常见方法，锻炼思维的广阔性与灵活性。

（3）借助形，厘清数量关系。

小学数学中、高段的众多题目有着繁杂的数据与信息，图形协助学习者厘清彼此间的数量关系，化解出题人的意图，只要学习者在满足题意的图形之上进行观察、分析与操作，解题的思路便会逐渐浮现出来。

（二）以数解形

以数解形，具体来说就是运用数量关系、数学语言等来解释图形的性质，加深学习者对于图形的理解。其中"数"具体有数学语言与数学符号。下面介绍如何在小学数学教学中以数解形的。

1.借助数，认识和测量图形

图形的表达过于直白，通过数学语言、数字符号等"数"将加深学习者对图形性质与特征的认知，为透彻理解图形打下基础。比如，用正方形、长方体等数学文字，表达出较为抽象图形的共同特性。用角、高、边、底等特征来描述三角形，掌握等边三角形、等腰三角形、钝角三角形、直角三角形和锐角三角形之间的联系。借助对体积、周长、边、角、高等图形的特征的测量与计算，精准地描述几何图形属性。比如，在讲授有关长方形的初步介绍的时候，运用1、4、4这几个数字概括长方形的特征，具体表现为长方形有4个顶点，4条边，1个面，把三个数字与长方形的特征联系在一起，描绘出长方形最为典型的特征，在学习者的大脑中形成有关长方形的具体印象，为之后学习长方体的表面积运算提供帮助。

运用数字表示长方形的宽度与长度，就能计算出它的面积与周长，以数解形从实际生活中抽象出具体的图形，运用数字表示图形的具体特性，加深学习者对图形意义的掌握。

2.借助数，描述图形的位置和运动

借助前后、左右、上下等方向的表达，对事物展开精准定位：在方格纸上，运用数对代表物体的纵向与横向的位置，为之后的平面直角坐标系的学习打下了基础；使用数学语言，依据物体对比参照点的距离与方向描述其所处位置；用数学语言"旋转""平移"等描绘图形运动的轨迹。此类均是通过"数"

来描述图形位置与运动的体现，帮助学习者在头脑中形成空间意识。

数形结合思想促使代数与几何彼此间融合，提倡"数"与"形"二者彼此结合、彼此转化以解决现实中的数学问题。借助图像、实物、图形等"形"，学习者了解"数"的实质，厘清问题思路，数学逻辑的思维能力得到提高；借助"数"，确定"形"的内部规律。就像认知建构主义的学习理论中所倡导的，学生借助外界讯息，积极建构自身的认知世界，数形结合思想使得学习者积极建构自身的数学知识体系，选择适当的方式描述自己的数学思维过程，在研究、参与和探索的过程中解决难题，进而充分且全方位地理解数学。

五、数形结合思想在小学数学课堂教学中渗透的策略

（一）增强理论学习，深化教师对数形结合思想的认识

教师要加强对数形结合思想的理论学习，形成规范理念，加深对其的认知，关键借助两个渠道。

第一，教师要意识到数形结合思想的意义，形成实现该结合思想的固定观念。教师一般情况下会觉得数形结合思想较为适用于初中以及高中相对复杂的知识，小学时期的内容过于简单，学习者仅仅是对其有个初步的了解，不必渗透数形结合的思想，这是对数形结合思想的错误理解，最为简单的知识通常蕴含着最为基本的数学特性。数形结合思想促使学习者在学习数学的相关知识时感到更为简单，提升学习者解决难题的能力，对其数学思维能力的提高具有积极影响。教师要改变对教学目的的认知，教学并非训练学习者机械的计算能力与简单的知识背诵，更多的是注重学习者数学能力与数学思维的培养，运用数形结合思想展开数学这门学科的教与学，深入地理解数与形的深刻内涵，将两者彼此结合，进一步完善对数学意义的理解。

第二，教师需要不断加强数形结合理论的学习，把数学知识内化为自身的授课智慧。多阅读相关的数学史与数学哲学领域的书籍，形成较为系统的教学理念；多阅读关于数形结合思想的图书，形成与数形结合理论相关的系统化认知；多阅读相关期刊，参加相关论坛的学术学习与研讨或者讲座中，获取最新的教学成果，把数形结合的思想融入自身的教育理念与认知结构中，并且要对教材中能够融入数形结合思想的具体内容了然于心，那么关于运用怎样的方法与工具融入以及何时融入等方面问题便能迎刃而解。

（二）加强校本教研，实现渗透方式多元化

教师对数形结合的思想认知有所差别，强化校本教研，鼓励教师交流与分享自身的认识，增进教师对于数形结合思想多元化认知，具体体现在三个方面：

第一，实现评价方式的多元化。教师对学习者抱有较高期望的时候，对于学习者的评价通常以鼓励为主，评价的形式也是多种多样的，学习者受到鼓舞，便会产生强烈的学习动机；相反，当老师对于学习者抱着比较低的期望时，便会忽视其行为，对其评价方式也较为单一，学习者的学习动机便会随之减退。所以可以适当鼓励融入数形结合思想进行解题的学习者，给其他的学习者做榜样。与此同时，不同层次的学习者都能体会到老师对其的期望，增强学习者对该思想学习的自信心与动机，在今后的学习中能够自觉地注意应用此思想解决问题。

第二，实现渗透情境的多元化。老师应该在课型选择与教学方式上实现多元化，在讲学中创建关于数形结合的教学场景，为学习者提供接触该思想的机会，并安排更多巩固应用的练习机会，帮助学习者把思想内化，进而成为某一自然的解题策略与思想指导。比如，讲授"$25 \div 4 = ?$"时，教师在PPT上进行演示，用"小棒摆正方形"的形式来引导学习者，总共 25 根小棒，4 根小棒可以围成一个正方形，这 25 根小棒能摆 6 个正方形，还剩下 1 根，如此 $25 \div 4 = 6 \cdots\cdots 1$。学习者在解决这道数学题时便运用了数形结合思想，把抽象的数学运算转化成形象具体的行为活动，学习者了解了什么叫作余数，这个概念便自然而然地产生，并对余数应该小于除数这一特性了如指掌，如此一来，在今后解决没有余数的计算题上，便降低了计算的难度，提高了准确率。教师要精于运用现代技术，深入研究教材，多设计一些数形结合思想的授课情境，帮助学习者实现"数"与"形"间的转化。

（三）借助归纳总结，在复习课中渗透

在复习课中融入数形结合思想，协助学习者厘清知识间的关系，帮助学习者形成完整且较为系统的学习体系。因为数形结合思想散落在小学数学教材的每个角落。教师需要对每一部分融入数形结合思想的具体内容进行概括与总结，促使学习者合理运用该思想对知识进行系统的理解与学习。比如"数

轴"，前后关联，把适用于数轴教学的内容进行整合，借助总结归纳，在复习课程中融入数形结合思想。

例1：通过"数轴"进行说明。

1.正、负数的认识

要先引导学习者在数轴上找到数字"0"，从"0"起向右是正数，越向右数字越大，从"0"起向左是负数，越向左数字越小，0既不是负数也不是正数。通过数轴帮助学习者了解正数与负数的含义，正确找到数在数轴上所在的位置（如图5-1所示）。

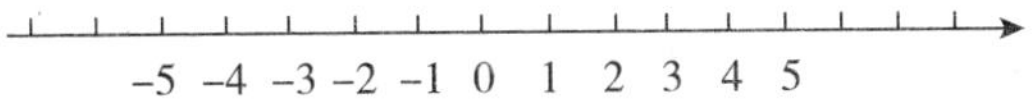

$$-5 \ -4 \ -3 \ -2 \ -1 \ 0 \ 1 \ 2 \ 3 \ 4 \ 5$$

图5-1 数轴1

2.四则运算的认识

数轴不仅把抽象的数字形象化，也把数的计算进一步具象化。在数轴上，做减法便是观察被减数向左数，或者是当作向左平移几个单位；做加法便是向右数，或者是当作向右平移几个单位；除法便是观察被除数，向左几个几个地数，若是刚好数到0，算式是能除尽的，向左数几个，商便是几，若是不能刚好数到0，计算结果便是有余数的。

3.近似数的认识

数轴帮助学习者更加具象地掌握近似数，特别是对于精确至小数点后一位还是两位具有更加清晰的认知。拿近似到1.5和1.50举例，若是精确至小数点后一位，那么原数字处在1.45～1.54的中间；若是精确至小数点后两位，那么该数字处在1.495～1.504的中间。至于求小数近似数的计算题，若是可以运用数轴向学习者进行演示，学习者就不会对是否要去掉尾部的0而感到困惑（如图5-2所示）。

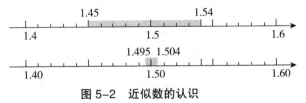

图5-2 近似数的认识

4.倒数的认识

通过数轴，学习者清楚地了解倒数的重要节点"1"，理解带分数、真分数与假分数的倒数，形成了有关两个数字互为倒数的精准认知，若两数乘积为 1，则该两个数互为倒数，再次巩固了数系在学习者脑海中的印象，深化学习者对数的理解（如图 5-3 所示）。

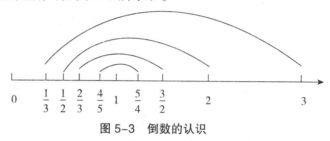

图 5-3　倒数的认识

数轴只是案例中的一个，借助归纳总结融入数形结合思想，便是将一切适合的授课内容利用面积模型、数轴、小棒等工具，帮助学习者形成对数学理论的系统认知，促使其学习具有完整性。复习课中运用数形结合的思想，协助学习者厘清各种概念与数量间的关系，学习者不再被一个个孤立的知识点所阻碍，学会串联前后知识点，从而对数学知识的学习更加科学化与系统化。

第二节　化归思想在小学数学课堂教学中的渗透

一、化归思想的概念

所谓化归思想便是把某一问题由复杂化简单、由难化易、由繁化简的过程，我们称其为化归，它是转化与归结的简称。化归的过程表现为：将有待解决的问题 A 适度地化归为已经知道的问题 B，此问题 B 是相对具有成型的处理方案或者较易于解决的问题。借助问题 B 的处理，达成解决问题 A 的目标。通常而言，它把一个较为复杂的问题转化为简单问题，把更难的问题转化为较易完成的问题，进而把尚待解决的问题变成已经处理的问题。化归在数学的学习中随处可见，其根本作用在于：含糊化明朗，生疏化熟悉，抽象化直观，复杂化简单。也就是说，化归的实质是运用运动变化的发展观点以及事物间彼此制约、彼此联系的思想去看待问题，善于对需要解决的问题展开转化变换，促使问题得到解决。

二、化归思想应用的作用

（一）有利于学生系统地掌握数学知识

化归思想方法对学生学习和掌握数学知识有着至关重要的指导与促进作用。学生逐渐形成化归思想的理念，有助于找到旧知识与新知识间的联系，能够应用化归方法对每个章节所学的知识展开整理、消化与提炼，进而把散乱的知识连接成一张主次分明且有序的知识网，在大脑中形成体系化的数字知识的结构。

在小学期间"代数与数"的授课内容中，通常包括探究规律、数的认识、常见的量、式与方程以及数的运算。这当中最为核心的部分是数的运算。比如，在讲授四年级下册"乘法分配律"的内容时，老师通常引导学生在很多的算式中展开对比，从而总结出乘法分配律。但是，如此的讲授方式只是停留在对外表特征的认知方面，并不可以使学生从根本上理解内容的联系。

在小学期间的"几何与图形"的授课内容中，具体内容有图形与位置、平面图形的认识与测量、图形与变换等。最常应用的是"立体图形与平面图形"，从图形的认知到其测量，促使学生认识到学习图形认知是为之后图形测量的学习打下基础，也是为化归的学习目标奠定坚实的基础。小学期间，图形的测量最为关键的学习部分是需要学生可以计算部分角的度量、平面图形的面积与周长、立体图形的表面积与体积等。当然，小学期间的化归思想绝大多数运用于平面图形面积的计算中，这促使学生认识到：多边形面积能够借助添、剪、拼辅助线的形式转化成最为根本的平面图形来计算。因此"在平面的几何授课中"教师可以把相对复杂的图形进行简单化，将基本图形当作化归的目标，引导学生形成处理几何平面数学问题的根本思路。在处理问题中，教师也可以运用转化思想，使学生发现旧知识与新知识间的结合点，进而将数学知识进行必要的整合与联系。

（二）有利于学生养成良好的思考习惯

学生日常思考习惯的养成通常需要在老师的引导下逐渐形成，但是数学是一门思考性强的学习科目，在其教学中，老师应当经常鼓励学生主动思考且要学会如何思考，慢慢培养其独立思考问题的良好习惯。化归思想便是把新知识转化为旧知识。由此可见，在课堂授课中，老师应注重引导学生整理相关知识，构建科学合理的，有助于学生对旧知识与新知识彼此联系的思考，促使学生掌握部分数学思考方式，实现成绩的提升。

例2：（如图 5-4 所示）大圆的阴影面积和小圆的阴影面积之比为 5:4，小圆部分存在阴影，求大圆的阴影面积占大圆面积的几分之几？

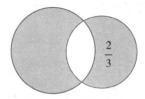

图 5-4　大圆与小圆

分析：题目中我们已知小圆的阴影面积，而大圆阴影面积与两个圆的公共区域面积均不知晓，所以需要想办法发现小圆的阴影面积、大圆的阴影面积与两圆的共有区域间的关系。这便是"化归思想"。

解：小圆没有阴影的面积是小圆阴影面积的二分之一。因为大圆的阴影部分和小圆的阴影部分之比为 5：4，能够看出小圆阴影面积是 4 份，因此两圆公共区域面积是 2 份，如此一来大圆便是 7 份，小圆便是 6 份，大圆的阴影面积则是 5 份，因此大圆的阴影面积占大圆总面积的七分之五。

（三）有利于小学数学课堂教学质量的提高

在数学授课中，教师应主动引导学生利用化归思想，促使学生理解化归的步骤，最后学会如何化归。在利用化归的过程中，学生不仅可以对以往所学知识进行巩固与回忆，还可以有效提高解决数学问题的能力。比如，把新问题化归成为已知的问题，并且依照它的解法展开解答。

例3：小刚全家人一起去爬山，上午 9 点钟开始上山，每小时走 3 千米，以这个速度到达山顶后，休息 1 小时，然后以每小时 4 千米的速度开始下山，下午 4 点钟回到了出发点。全程总共走了 20 千米，请问上山与下山的路程各是多少千米?

分析:因为本题中仅有上山与下山的速度,上山与下山所用时间并不知道,所以没有办法直接求得各自的路程是多少,且仅仅知道总共的路程。题目中知晓两个未知数的总和数以及与该两个数量相关的特定数量。本题能够化归为"鸡兔同笼"问题的解法,进而使问题得以解决。假设都是上山,那么总的路程是 $6 \times 3 = 18$ 千米,比实际爬山路程少计算 2 千米,因此上山的时间是 4 小时,下山的时间是 2 小时,上山与下山的路程分别是 12 千米与8 千米。

在数学这门科目中,学生分析与解决问题的能力越高,就意味着学生对于数学知识的掌握越扎实。如果想要更好地实现授课目标,这不只是对学生的学习提出了更高的要求,也是对老师提出更加严格的要求。作为老师,要从思想方面不断加强其在授课中融入化归思考方式的重视,将融入化归思考方式与掌握数学理论知识当作教学目标。这就要求,教师要在备课阶段渗透化归思考问题方式的教学方案,分析教材中能对化归思考方式展开融入的各类要素,不只是要思考怎样结合统编教材中的授课内容展开化归思考方式的融入,还应当思考如何融入,具体融入的程度究竟怎样,以使学生真正地理解并且学会应用。

三、化归思想在小学数学课堂教学中渗透的原则

(一)数学化原则

数学化原则主要是指将生活中的问题化归为数学问题,建立数学模型,并且运用数学知识寻找问题的解决思路。几何与图形领域的知识对于学生而言较为抽象,为了便于学生接受与理解,教材的设计编排均是以生产与生活中的问题为基础,将其转化成数学问题,最终运用数学知识对问题进行思考和解决。这与数学来自生活又应用于生活的观念相吻合。这也是数学学习的一个目标,即运用数学知识解决现实生活中的问题。

(二)熟悉化原则

数学是一门学习新知识时需要联系旧知识的学科,具体而言就是将新问题转化成为旧知识进行解题,将较难解决或者不熟悉的问题转化为已经解

决或者比较熟悉的问题。学生学习数学的过程就是一个创新与探索的化归过程，在该过程中不知不觉培养了学生的创新精神，提高了学生的探索能力。所以，学会把不熟悉且未知的问题化归成熟悉且已知的问题是一个较为重要的原则。

例4：（如图5-5所示）你可以求得边数为几的多边形（n=1、2、3、4、5、6……）的内角和吗？

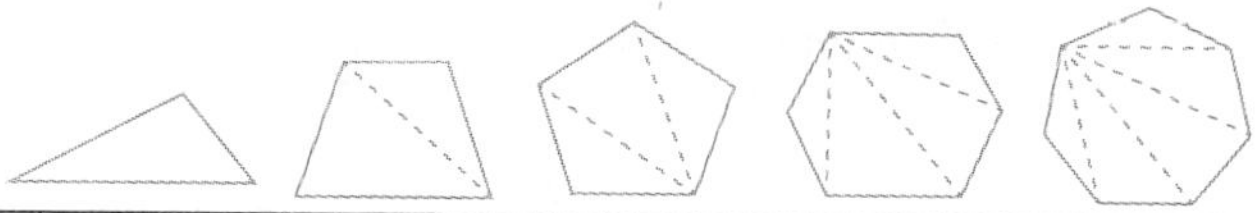

名称	三角形	四边形	五边形	六边形	……
边数	3	4	5	6	
内角和					

图5-5　求多边形内角和习题图

解析：这道数学题是学生在学习了三角形的内角和后的变式训练。将求一个多边形内角和的问题借助加辅助线转化成为求多个三角形内角和累计相加的问题。具体解析的过程如下：第一，将多边形的某一固定顶点与不和其相邻的其他顶点用辅助线连接并分解成为多个三角形；第二，数出共有几个三角形，多边形的内角和为180乘以几。最终总结发现多边形内角和的计算公式为（多边形的边数 -2）×180°。

（三）简单化原则

简单化原则就是将复杂的问题简单化的过程。复杂问题对于解题者来说，不一定都是不可解决的，只是解题的过程相对复杂。所以，把复杂问题转化成为某一简单题目，并找到一些答题的捷径与技巧是上策。

例5：如图5-6所示，将甲的阴影面积与乙的阴影面积作比较，甲（　　）乙。

图5-6　三角形面积变式练习题图

解析：本题看似很简单，但学生在解决问题时却发现无从下手。由于是将两个三角形面积大小作比较，缺少对于高与底的相关数据，所以没有办法直接计算出它们的面积，从而进行比较。能够将三角形甲的面积与乙的面积转化成为等底等高的三角形面积求得具体数据进行比较。具体方法如下：假设空白的三角形为丙（如图 5-6 所示），甲与丙组合形成的新的三角形与乙与丙组成新的三角形，二者是等底等高的三角形，面积也相等，具体公式：$S_甲 + S_丙 = S_乙 + S_丙$，因此 $S_甲 = S_乙$。

（四）直观化原则

直观化原则主要是指将相对抽象的问题转化成为较为具体的实际问题。在几何与图形中，众多抽象的问题如果直接解决与分析是较为困难的，此时就是要借助直观的手段或者转化成为实际问题，促使其分析与解决起来相对容易些。所以说直观化是化归思想的关键原则之一。

例 6：刘庄村有一个长方形的水池，其宽边长度为 20 米。现在由于要扩建马路，水池的宽边要减少 5 米，如此一来，水池的面积会减少 150 平方米。那么现在水池的面积是多大？

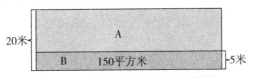

20米｜　　　A
　　　｜B　　150平方米　　｜5米

图 5-7　长方形面积变式练习题图

分析：该题目考察的是水池改变之后的面积问题，学生若是仅凭想象或许难以判断，而若是将水池前后的面积变化运用图形的方式呈现出来，那么解题难度便会大大降低（如图 5-7 所示）。求目前的水池面积问题便转化为求得长方形的长边问题。假设目前水池是长方形 A，减少的水池面积为长方形 B，长方形的 A 与 B 长边的长度相同，长方形 B 的长边长度为 150÷5 = 30（米）。因此，目前水池的面积为（20 - 5）×30 = 15×30 = 450（平方米）。

四、化归思想在小学数学课堂教学中渗透的策略

（一）让化归思想贯穿小学数学教学

通常的数学授课活动是指学生与老师彼此配合、相互交流以及学习的过程。结合对统编教材中"图形与几何""数与代数"两部分内容的整理发现，化归思想不仅运用在小学数学的授课中，还贯穿小学一到六年级的教学过程中。那么在授课中，应该怎样将抽象的化归思想融合到教学的每个环节，促使学生在"润物细无声"的理解到化归思想的真正意义呢？下面我们就从四个角度对如何有效运用化归思想展开探讨。

1.充分利用教材中的素材，挖掘化归思想

数学思想其实就是教材体系中的灵魂，其支配着整个教材。[①] 其可以促使数学教材中的不同要素间彼此紧密联系在一起，从而形成一个相对完善的知识体系。化归思想是前人在不断地探索数学真理的过程中逐渐积累出来的。在具体的备课环节，老师应该对教材展开较为深入的研究与分析，不仅要把握教材的结构，还要不断挖掘教材中利用化归思想的具体内容，并对这些内容展开精心设计、最大限度发挥出素材的作用，在教学中有意识地运用化归思想，如此才可以实现更好的教学效果。

2.课堂教学中积极运用化归，优化学生的认知结构

数学认知结构就是学生将自己获取的数学知识信息按照自己理解的深度、广度，运用自己的感觉、知觉、记忆、思维、联想等认知工具，按数学的特征，通过同化、顺应，不断形成和发展的一个具有内部规律和特定功能的整体结构。在小学数学课堂教学过程中积极运用化归思想能够有效优化学生的认知结构，下面以《植树问题》为例进行介绍：

例7：《植树问题》

师：植树节时，学校组织大家在全长总共1000米的马路上种植树苗，每隔5米就要栽一棵小树苗，若是两端都要栽树苗，总共需要栽下多少棵树苗？

---

① 余霞辉.高中数学解题中的化归方法及其教学研究[D].湖南：湖南师范大学硕士论文，2007.

生 1：马路总长 1000 米除以每段长 5 米，便是需要栽的树苗数量。

$$1000 \div 5 = 200（棵）$$

生 2：他的计算方法没有提到在两端种树的情况，所以他的方式是不正确的，因为题目中说了路的两端都需要栽树，因此将段数再加上 2，能够如此计算：

$$1000 \div 5 = 200（棵）\qquad 200 + 2 = 202（棵）$$

师：究竟哪种方法是正确的？我们一起来看一下表 5-1，共同探讨。

表 5-1　《植树问题》

路长	间距	间隔数	棵数
10 米	5 米		
15 米	5 米		
20 米	5 米		

将复杂的问题化归成为简单的问题，促使学生借助探索与观察找出棵数与间隔数间的关系："棵数 – 间隔数 +1"。

因为该结论是学生自己发现并总结出来的，因此这个过程能够优化学生的认知结构。

在学习异分母分数的加法与减法的时候，老师可以首先出一道常见的分数加法题目 $\frac{1}{4} + \frac{3}{10}$，让学生计算，学生或许会这样运算：$\frac{1}{4} + \frac{3}{10} = \frac{1+3}{4+10} = \frac{4}{14} = \frac{2}{7}$。如此计算是否正确呢？对于本题的验证，老师可以引导学生计算左侧的数值是 0.55，右侧的数值约为 0.29，所以这样的运算方式是错误的，以此激发学生的认知冲突。之后老师再次询问："什么样的分数加法我们之前已经学过？我们是不是可以借助转化，把它们变成同一分母的分数呢？"课堂上如此自然地运用化归的教学策略，对于优化学生的认知结构是十分有益的。

在求平行四边形面积时，学生利用数方格的方式得出求平行四边形的面积是用其底乘以高，此时老师引出学生思考是否所有的平行四边形均能够依据这个公式进行计算呢？引导其自身进行思考。之后老师提示："可不可以将平行四边形转化成之前学习过的图形进行解答？大家开动脑筋想想可以转化为哪个图形？"通过问题引导学生动手操作展开转化，进而推导面积的计算公式。授课中借助学生的动手操作过程启发其自主思考，使学生经历了转化与知识形成的整个过程，在感知中培养学生的抽象思维能力。

（二）让化归思想植根于小学生的解题之中

数学的化归思想不只是一种数学思想，也是解答数学问题的方式。其不仅可以促使学生数学思维不断发展，还可以提升学生的学习能力。学生数学能力展现在其解题过程中。数学的问题形式变化多样，结构也相对复杂，特别是小学高年级阶段出现的综合性较强的题目，题型新颖，并且题目涵盖的知识面也比较广，部分问题的解题方法独到且别致。"寻找精准高效的解题思路，代表着寻找一条绕过障碍、抵达目标的途径。"[1] 所以，我们在处理此类问题时，应当从已知的解决方式入手，把此类问题实施转化。简而言之，在处理部分难题时，"转化"是解决问题的主要形式，我们能够从问题的反面或者侧面去找寻解决问题的渠道，借助将问题化归成一个或者几个已知问题去处理，最后获取题目的正确答案。在此过程中，教师需要引导学生深入挖掘解题时化归思想的运用，通过此类方法可以轻松解决学习中的各类问题。

1.适时点拨

数学的解题过程，实质上是个持续化归的过程。因此当学生解答所学题目，遵循以往的解题思路遇到困难时，教师应该给予学生适度的点拨，指明运用化归方法的方向，促使学生打破思维定式，转换思考方向，从全新的视角去思考题目中的数量关系，找到解题的正确方式。

例8：图5-8所示是一面直角梯形的墙面，工人在涂刷阴影部分面积时用掉2千克的涂料。依照如此的方式进行计算，涂完一整面墙壁总共需要多少千克涂料？

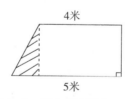

4米

5米

图5-8 直角梯形墙面

① 赵小云，叶立军.数学化归思维论[M].北京:科学出版社，2006:1.

分析：按照通常的思维方式，将借助总量、面积、单位量间的关系进行求解。首先要做的便是计算出墙面的面积。参照已经获知的条件，学生可能会遇到问题。此时老师适度的指点会对学生的思考起到推进作用。可先求得正面墙体的面积与阴影部分面积之比，然后依据阴影面积需要的涂料用量再计算出整面墙体的涂料总用量。尽管此类方法可以使问题变得简单易解，但并非所有学生都能在第一时间想到，因此需要老师适时的指点。

解：图中阴影部分的面积：整个梯形的面积

$$\frac{(5-4)\times h}{2} : \frac{(4+5)\times h}{2} = 1 : 9$$
$$2 \div 1 \times 9 = 18（千克）$$

2. 合理的训练

化归思想作为某种思维，培养学生的化归思想需要相当长的一段时间进行训练与渗透，潜移默化，逐渐使学生领悟与掌握。若是想要将化归思想转化成为学生的解题能力，就要结合科学且合理的练习达到效果。数学解题的过程既是加深理解与掌握运用知识的过程，也是学生运用化归思想的过程。借助训练，学生能够对过去学习过的知识展开巩固与复习。所以，老师在选择习题的时候，应当从化归思想的视角出发选择部分针对性较强的练习题，尽可能使不同学习层次的学生均可以从练习中加深对于化归思想的理解。

例 9：图 5-9 是由大、小两个正方形组成，目前已知图形的周长为52cm，BG = 4cm，求图形中阴影面积。

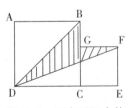

图 5-9　正方形组合体

分析：如图 5-9 所示，图形中阴影面积正好是大正方形与小正方形的面积之和再减去 △FDE 及 △ABD 的面积。所以，只需要求得两个正方形的边长，问题也就迎刃而解，因此能够把求阴影面积的问题化归成为求得两个正方形的边长问题。由于 3DC + 3CE + BG = 3DC + 3CE + 4 = 52，因此 DC + CE =（52 - 4）÷ 3 = 16（cm）。又由于两个正方形边长差为4cm，因此大正方形的边长 DC =（16+4）÷2 = 10（cm），而小正方形的边长 CD = 16 − 10 = 6（cm），进而求得阴影面积：100 + 36 −（10×10÷2）−（10 + 6）×6÷2 = 38（cm²）。

第三节　模型思想在小学数学课堂教学中的渗透

一、模型思想的概念

（一）数学模型

数学模型是指对于某一现实对象，为达到某一目的，依据其规律适度简化，再运用恰当的数学工具把现实的对象转化成为某一数学结构。徐利治先生认为数学模型的概念是一个较为宽广的定义，即近似地或概括地表达出的某一数学结构。狭义而言，只有那些反映某一独特的具体事物系统与某一独特问题的数学关系结构才称之为数学模型，其具有预见、解释与判断的功能。广义来讲，所有的数学方程、数学概念、数学理论体系以及由其构成的算法系统均能称之为数学模型。

小学期间的数学模型通常是从狭义层面来说的。因此，在小学期间，运用数字、符号以及字母建立起的不等式、代数式、函数、方程、关系式，以及各类图形、图表均是数学模型。

（二）数学建模

建立数学模型的整个过程称之为数学建模。把所有考察的具体问题转化为数学问题，建构出相应的数学模型，借助对该模型的解答与研究，促使原有的具体问题获得解决，此类方法我们称之为数学模型法，也称之为数学建模。从教学论视角出发，数学的建模是实践与理论的有机结合，是学习者认知结构的完善与深化。我们也能够直观地解释为数学建模是一个促使数学家成为心理学家、物理学家、经济学家以及生物学家的过程；从方法论的视角出发，数学建模是处理具体问题的一种方法，彰显出解决实际问题的基本步骤；从认识论的视角出发，数学建模是侧重于一个过程、一种活动，常常需要通过几次替代才可以实现，是一种数学认知活动。

数学建模的一般步骤：

第一，模型准备。对需要解决的具体问题，应该收集与掌握相当数量的信息（图表、数据与其他事物的关系），由此来知晓问题的背景，明确建模的目的，逐步形成较为清晰的问题。

第二，模型假设。依据建模目的以及已掌握到的背景材料与信息，对问题展开合理且必要的简化，运用准确的数学语言进行假设，假设与简化均要适度，不同的假设与简化会形成不同的数学模型，进而得出不同的结果。

第三，模型构成。依据假设，分析研究对象的因果关系，运用适合的数学工具以及对象的内部规律，构建不同的数学关系或者其他的数学结构，进而构建具体问题的数学模型。

第四，模型求解。不同的数学模型运用不同的求解方法，比如数值计算、解方程、逻辑图例、画图形等方法，尤其是要学会运用计算机技术来为模型的求解服务。

第五，模型分析。对模型解题展开数学层面的分析。

第六，模型检验。把对数学模型的解和分析结果"翻译"成与之相关的实际问题的计算结果，运用数据与资料，验证这一计算结果的适用范围与正确程度。

第七，应用模型。模型的应用是数学建模的宗旨，也是对模型的最客观、最公正的检验，因此，一个成功的数学模型，必须根据建模的目的，将其用于分析、研究和解决实际问题，充分发挥数学模型在生产和科研中的重要作用和意义。

数学模型方法的步骤如图5-10所示。

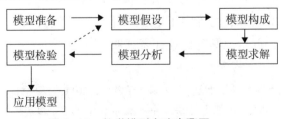

图5-10　数学模型方法步骤图

（三）数学模型思想

数学模型思想是数学思想方法之一，主要是指运用数学语言来描述真实世界连接是数学世界与实际生活的桥梁。数学模型思想所针对的不只是数学，还有现实生活中那些将会研究与讲述的事情。[①]借助模型建立与数学以外世界的联系，借助抽象，在生活中获得数学的运算法则与概念，而借助推理获取数学的发展。

数学建模与数学模型的思想是密切相连的，或者说，有数学建模出现的地方，便有数学模型的思想存在。在小学阶段的数学学习中，若是将部分定理、概念、法则与命题等当作数学模型的话，那么在这类定理、概念、法则与命题中便隐含模型思想。

二、数学模型思想融入小学数学课堂教学的必要性

（一）从数学本身的发展看数学模型思想融入的必要性

数学究竟是一门怎样的学科知识？亚里士多德曾说过："数学是有关计量的科学"，法国的孔德曾表示："数学是间接进行计量的一门科学"，笛卡尔则认为数学是诠释一切我们可以指导的度量与顺序的一门一般科学。19世纪下半叶，恩格斯为数学这门学科下了具有代表性的定义：数学是研究空间形式与数量关系的科学。美国数学家克莱因曾指出："一个时代的总体特征与该时代的数学活动有着不可分割的密切关系。此关系在当今的时代尤为突出。"在 19 ~ 20 世纪基本任何重大的科学理论的完善与发展中，数学模型思想都起到了至关重要的作用。

纵观我国的数学发展史，大多数古代的数学经典的著作均是以问题的形式出现的，每一个问题分成几个条目：条目一是"问"，指出具体的问题；条目二是"答"，做出问题的数值结果；条目三是"术"，探讨与条目同一类问题的一般算法，有的等同于定理或者公式；条目四是"注"，说明"术"的原因、本质，并给出某种佐证或者证明。[②]

[①] 史宁中. 漫谈数学的基本思想 [J]. 中国大学教学，2011 (7): 9-11.

[②] 钱佩玲，邵光华. 数学思想方法与中学数学 [M]. 北京：北京师范大学出版社，2008: 94-103.

古代数学的写法与如今的数学建模的描述极为相似。可以说，古代的《九章算数》是我国最早出现的数学建模的专著，此书共收集了246道应用题，具体隶属为勾股、方田、方程、粟米、盈不足、商功、少广、均输、衰分九大章。因为年代的不同，如今的数学建模所关注的问题与古代的经典著作中所关注的数学问题有很大区别。

（二）从学生的学习和发展角度看数学模型思想融入的必要性

学生的学习与发展应注意以下几点：（1）学习应当是终身式学习；（2）未来社会将是学习型社会，大家都需要学习；（3）学习的渠道是多元的，不应只局限于在学校学习的方式；（4）学习者学习的具体内容不只是课本内容，还应包括具体的实践知识；等等。

日本著名数学家米山国藏曾说："在校园学习的数学方面的知识，毕业之后如果没有任何机会去运用，用不了多久便会忘记。但是，无论他们从事的是何种工作，当时深深铭记于心的数学研究方法、看待问题的着眼点、推理能力、数学的思维方式与数学精神等每时每刻都在产生影响，使得他们受益终身。"数学模型思想对学生的学习与发展是起到推动作用的。学生从学习数学中获得的并非只是一道题应该如何做，而是考虑问题的思路，能够说清楚在解题中建立起的数学模型是怎样的，这才是学生学习与发展的方向。题目有很多，题型也是五花八门，只要你具备数学模型思想，无论是何种类型的数学题，均可以运用所学的知识去构建，去解决。

（三）从素质教育的角度看数学模型思想融入的必要性

数学模型思想在提高学生的综合素质、培养学生的创新能力方面具有至关重要的作用，并且对数学教育的改革有着极为关键的启示作用。

把现代的科学思想应用到如何提升学生的素质培养中，是我们需要实践与思考的主要内容。数学模型思想是培养学生处理具体问题的综合能力，是不断强化素质教育的关键举措。以往以讲授为主的教学模式，培养的大部分是一些做题的机器，我们要学会释放课堂，促使学生自主探究，构建自身的数学模型，在该过程中培养学生独立思考、大胆创新以及团结协作的能力。

三、模型思想融入小学数学课程教学中的策略

（一）更新教师的教育理念

教师需要不断更新自身的教育观念，多了解教育前沿的新动态。教师应当多开展一些相关的课题研究，把十大核心的思想之"模型思想"作为重点课题。第一，教师在课余时间需要通过数学教学方面的论坛、杂志与期刊拓宽视野，时刻关注国际上数学领域的最新动态，第一时间了解目前较为热门的信息。第二，学校需要组织教师学习课程标准，让所有教师参与解读课程标准，教师通过仔细地研读课程标准知晓模型思想的关键性，慢慢理解数学模型思想，进而把该思想渗透进小学数学的教学活动中。第三，应该定期地组织教师进行教学交流活动，交流最新的动态，分享研读的具有意义的论坛与期刊，以及发表自身对于数学模型思想等教学方式的观点与见解，教师们通过探讨，互相学习进步。

（二）提升教师的专业素养

教师应当提升自己的专业素养，不断地学习与充实自己，提高自身的模型思想水平及授课能力。第一，教师需要坚持实践数学模型思想，学会从失败中进步，探索出一种符合小学生心理与生理发育规律的教学方式，进而提高学生的解题与思维能力。第二，积极主动地进行教研活动，多开展针对数学模型思想的研究，提高教师的专业知识储备，教师们彼此帮助，相互学习，针对数学模型思想的教学，共同研究与讨论出较为完整的教学方案，进而实现高效的数学模型思想的教学。第三，教师要学习数学模型思想的相关知识，梳理数学模型思想的相关理论体系。第四，教师应当提高自身的教育素养，多去参加听课评课的活动，吸取其他教师身上的优点，不断地学习充实自身的教学能力，进而能够灵活多样地将数学模型思想融入教学。

（三）丰富教师的教学手段

常听说，数学来自于生活，模型思想的应用更离不开现实生活，模型的建立也与现实生活密不可分。所以，教师应当不断丰富教学手段，把实际生

活与教学密切串联起来[①]。第一，进行综合性的课程，促使学生感受到学习数学的乐趣，掌握处理数学问题的基本能力。综合性的课程可以使学生体验建立模型、验证模型的过程，培养学生的数学模型思想。第二，教师要不断优化教学方案。教师把数学模型思想渗透进数学教学活动中时应当以学生的实际生活作为基础，引导学生将现实生活中的具体事例转化成为数学模型，从而调动学生的积极性，教师可以在教学中创设高效的学习情境，如设置公交路线，促使学生分析怎样走距离最近等，让学生在现实的情境中体会学习数学的价值与意义，同时领悟数学建模的魅力，促使学生形成模型思想。第三，采用多种教学策略。为了引导学生发展自身的研究能力，教师在模型思想渗透教学中需要认真地研究不同的教学策略，以提高其教学效率。教师在模型思想渗透教学中需要采用多元化的教学策略，讲究其教学的灵活性，学会运用先进的技术手段，给学生创造更加直观的教学现场，激发学生的学习兴趣。

第四节　数学文化在小学数学教学中的渗透

一、数学文化内涵的解读

文化是社会发展过程中的历史产物，是由广大劳动者在长期的生产劳动中创造出来的，其是一种社会现象，数学文化是文化基本形态中的一种，是文化的关键组成部分之一。数学不只是为科学的研究提供了间接的数学语言符号，提供了运算的技巧、方法与数据分析，并且为科学的研究提供了较为可靠的证明工具与推理方法。而数学文化作为从不同视角对其展开解读，如果想要研究数学文化，必须要从知晓数学文化的定义开始。具体而言，其主要内容如下：

---

① 滕林原. 探讨数学建模在小学数学中的应用 [C]. 2017 年 2 月全国教育科学学术交流论文汇编 .2017.

（一）数学史

每门学科均有其发展史，数学史顾名思义就是用来研究数学发展历史的学科。研究其学科的发生与发展规律的演变，既属于数学的科学领域，又属于史学领域。目前我们所学习的数学本质上都是前人留下来的理论知识与数学精神。具体而言，其一，数学史就是数学的发展过程，包括数学家以及它所进行的创造性活动，比如其思想方法、探索精神与工作态度等，具有广泛性、多样性、社会性等特点。其二，数学史其实就是其学科本身，具体表现就是人类社会中所包含的各类数学理论知识。[①] 在数学授课过程中融入数学史的部分内容，例如，一些数学家发现数学运算定律以及寻求真理的小故事，促使学生了解到哪怕就是一个小符号都是历经几代人的共同努力才最终确定下来的，展现了数学这门学科的魅力，能够最大限度地调动学生的兴趣，培养他们对于数学的热爱之情，提高学生的学习主观能动性，对学生的学习习惯、学习自信心与学习态度的培养均有着积极作用。数学已然影响着人类的思想与生活，数学史作为其文化的关键组成部分之一，更是从另一面展现了人类文明的光辉历史，是数学文化中不可分割的重要分支之一。

（二）数学美

人类探索美、认识美的历史极为久远。19 世纪德国的哲学家赫尔曼·洛兹将宇宙进行了三个层次的划分：其一，对于美、神圣与善的思想做价值确定的世界；其二，是必然有意义的，具有普遍规律的真正的王国；其三，现实中的形象、事物与物体的世界。可以说，涉及社会生活的不同领域，在数学的学科中，毕达哥拉斯学派将数学中的美与内容完美融合，从数学视角进行美学分析，代表着人类从思维与理性的视角进行美学的研究。数学美并非以感性对象作为审美的对象，其是一种较为深奥且抽象的美，是一种高级的美。毕达哥拉斯曾经说过："万物皆数，而美便是数的和谐。"数学的美体现在奇异美、简单美、对称美、和谐美。其是一种真实的美，是反映客观世界、发现真理且在主动改造世界的过程中所产生的一种科学的美。比如，欧洲的文艺复兴时期，著名的画家达·芬奇，在绘画过程中大量运用了透视与比例的知识，"黄金分割"便是出自他的总结。我国的数学家华罗庚以及苏步青

---

① 谢新月，麻忠文.人本主义理论下的理解课堂的构建[J].文学教育（下）,2015（4）:77.

的诗作让人为之赞叹，这些都是在学习数学中潜移默化的影响。以往的着重知识传递的数学教学活动促使学生出现不正确的认知，以为数学就是之味且枯燥的运算罢了，却忽略了其知识背后所隐藏的数学精神、数学历史与数学美等文化方面的内容。

（三）数学语言

数学语言是一种"世界性通用语言"，与文字类语言相比，其可以更加精准、简洁且清晰地描述出众多日常生活的现象。比如，在表示等于或者大于3的数时，用数学的语言表达便是 ≥ 6，用语言的文字表达却需要5个汉字，其数学的语言呈现间接性的特点。除此之外，数学语言是全球通用语言，即使是不同的地区，其人们说着不同的语言，然而大众都可以明白数学语言的表达意思，这便是其语言的共同性。不同区域、不同种族、不同沟通语言的人们都可以通过运用数学语言展开探索与交流，应该说数学语言是世界通用的流行语，大家都懂且都会用，新课标中指出，在小学数学学习中要促使学生在初学时便从数学的视角出发引导孩子发现问题、指出问题，并运用所学的数学知识与技能解决相对简单的现实问题。[①]在数学学习过程中，不管是解决还是提出问题，均需要通过一定的数学语言进行表达，学生应用其语言的能力也决定着其学习效果，学生要想学好数学这门课，就应当学会运用数学语言进行表达。

（四）数学思想方法

"数学思想法"这个词语不管是在任何学科以及数学学科的教学过程中都被广泛运用。其思想是大众在数学活动中，用来解决各类问题的根本想法与基本观点，是数学行为的指导思想，是对其方法、概念、法则以及命题的根本性认识，是一种动态的、理性的、内隐的知识。[②]小学期间所学到的数学思想具体有归纳推理思想、模型思想、建模思想、整体思想、数形结合思想、类比思想以及代数思想。数学思想是学生在学习到具体知识内容之后，

---

① 中华人民共和国教育部.义务教育数学课程标准（2011年版）[M].北京：北京师范大学出版社，2011：9.

② 任伯许.大学生数学能力培养研究[M].山东：中国海洋大学出版社2012:58.

经过自己在脑海中的加工提炼，最后形成的较为理性且抽象的意识层面内容，对于学生解决现实问题具有指导意义。方法通常能理解为成年人对解决数学的程序、策略与途径。数学方法却是在找出问题以及解决问题的过程中所应用到的手段与方法，是大众在长期的生产生活中不断总结下来的经验与教训。陈在贵教授指出，数学思想方法通常在注重意识精神层面的时候，便是数学的思想；注重行动行为的时候，便是数学的方法。数学的方法与思想没有实际上较为严格的区别，大众通常把二者都称作"数学思想方法"。

（五）数学精神

精神是大众具体行动中借助意识活动与物质的反复影响慢慢形成与发展出来的一种内在力量，积极乐观的精神可以促使人不断进步。数学精神作为其文化的财富，是指数学的研究活动中大脑对于数学世界的一种反映所展现出的活力，其具有不断完善人的品格的意义与价值。数学的精神内涵极为丰富，具有寻美、求真、至善的精神，以及认知勤奋的精神，严谨细致的精神和团结协作的精神。数学家为了寻求真理而不断坚持、勤奋努力的可贵精神与数学精神均深深地印在数学的知识中。这当中，数学的理性精神便是其精神的核心。"吾爱吾师，吾更爱真理"，此类科学严谨的态度以及对于真理的执着追求最大限度体现出数学的理性精神魅力。数学精神的学习能够弥补数学知识的学习素养的培养方面的欠缺，也是学生在数学的文化素养形成与其精神的养成方面的重要内容之一。

二、数学文化在小学数学教学中的定位

进入 21 世纪，人们对数学文化研究日益深入。其重要体现在于数学文化走进课堂，融入具体的教学中，尽力促使学生在学习数学中可以真实感受到来自文化的熏陶，形成一种文化的共鸣，感受数学文化的魅力，体验数学文化与社会文化间的互动。从这个角度出发，能将数学的教育看作是数学文化的素质教育。

数学文化应当走入小学的数学课堂，融入具体的数学教学，促使学生在学习中感受到文化熏陶，形成文化共鸣，体会其文化魅力。

我国数学的新课标中设计编排的新课程充满了文化气息，比如该标准在"课程的总体目标"中提出，需要引导学生体会人类社会、自然与数学的紧

密联系，感受学习数学的意义；可以应用所学的技能与知识去解决问题，发展数学应用意识；在具体活动中获取成功体验感，磨炼意志，树立信心；形成展开独立思考与质疑的习惯，还有实事求是的态度；等等，如此一系列均充满着数学的独特文化魅力。课程的基本观念中提出：数学是大众的一种文化，其语言、内容、方法与思想是现代文明中最为重要的组成部分。

若是可以最大限度地运用数学文化，促使学生接受其感染，体会其价值与意义，这对于调动学生的数学求知欲与兴趣，培养其实践能力与创新精神、独立解决、观察和思考问题的主观能动性均有着积极的促进作用。更为关键的是，学生借助数学文化的学习能接受人格及品行的教育。

全新的教科书强调体现文化的价值，以"你知道吗？"为主题，向学生讲述以往数学家的小故事，数学发展史、数学趣闻以及新发现，借助此类丰富的内容展示，促使学生知晓数学知识的出现以及发展最初源自人类的生活需求，丰富学生对于其发展的整体认知，感受数学在人类的发展史中的意义与作用，调动其学习的积极性与兴趣。

数学有其厚重的文化历史。但是，迄今为止，大多数人认为，数学的学习就是与机械、符号、定理、记忆、运算、法则等紧密相连的，枯燥乏味且难以学习，始终成为学生学习数学路上的绊脚石。实际上，导致此类现象的因素有很多，但是一味地关注数学的技能训练以及知识传递，而忽视数学自身所蕴含的文化基因，忽略隐藏在数学发展史中人类不断地探索与发现的不懈精神以及其与现实生活的息息相关，显然应该看作是此类现象的关键因素之一。数学课堂的教学便是要不断挖掘隐藏在数学中的丰富文化信息资源，达成其人文价值与科学价值的完美统一，促使学生价值观、情感与态度的持续发展。

站在数学文化的角度看待数学的教学，不应当将数学看成是逻辑，也不应该仅仅关注结论与知识，觉得是一门学习符号、语言与图表的学科，却应该在实际的概念掌握、理解以及其方法与思想的体验与应用中发现其蕴藏的文化底蕴，要不断地挖掘在其中的丰富文化信息资源，实现其人文价值与科学价值的完美统一，促使学生的不断发展。

数学不仅仅是方法与知识的单一集合，它应当是一个较为开放的文化系统，是人类创造力与智慧的结晶。其在给予大众方法与知识的同时，更会通过文化姿态去改变人类的思想品质，拓宽人类视野，不断丰富其精神世界，增强人的根本力量。其文化特征不只是集中在数学的美学价值与历史性，凝聚不断探索的数学精神、追求真理的数学品格以及数学思维的方法，对于个体全方位发展，具有至关重要的作用。也就是说，数学是"真""善""美"的结合体。所以，我们在弘扬与承认其工具价值的同时，更应当看到其文化的价值，并且通过其具体的教学实践活动，促使它外化成为一种实际的影响，尽最大可能地彰显出数学文化的品性，真正地促使其学习变成学生提升精神、获取知识、感悟价值以及形成方法的生命历程。

三、数学文化渗透于小学数学教学的原则

（一）显隐结合原则

之前对数学文化具体内涵的解读，我们能够知晓数学文化具体有数学精神、数学美以及数学思想方法等隐性的文化内容，还有数学家的严谨治学的例子、数学趣味小故事以及其符号的发展历史等显性文化内容。由于在其文化的授课设计中，我们需要正确地解决二者的关系。隐性文化内容与显性的文化内容彼此影响又彼此依存，显性的内容是隐性相关内容的载体，隐性的文化内容体现也无法脱离显性内容独立存在。在授课中，隐性文化的融入暗藏在显性的内容学习中，教师在具体的教学中需要关注对于隐性文化具体内容的不断挖掘。在授课中，教师不只是要关注对于其技能与知识的传授，更需要关注数学精神的内容、数学美以及数学的思想方法在其文化素养构建中的关键作用。

（二）适度相关原则

数学文化作为目前该科目教材内容中极其重要的部分之一，为学生更好地掌握相关知识提供了文化支持。教师在实施其内容授课时，需要关注课堂与文化材料的关联性。数学文化对于具体的知识内容的传授而言，关键发挥的是辅助性作用，充当绿叶的角色，学生对于数学思维的领悟以及其思想方法才是其具体的授课内容。所以，在实施其文化内容的融入时，教师需要主次分明，且掌握好分寸，决不可喧宾夺主，选取适当的方式渗透才可以获取良好的效果，否则，会使得学生抓不到重点，不能发挥出其文化在课堂上应

该具有的作用。

（三）思考探究原则

在数学的授课中，学生才是学习行为的主体，教师主要起到引导与促进的作用。在学习数学中，教师需要创造一个极具趣味的教学环境，可以激发出学生用于探索、学习的热情、乐于思考，更能促使其发现数学的各种魅力，进而喜欢上数学，所以教师在展开融入式的数学文化教学时，应该依据其知识内容选择一些数学小思考、数学的故事以及小游戏来丰富教学内容，进而提高学生的主动性，鼓励其在学习中要勤奋思考，面对数学的问题需要有意识地推理、观察、实验与猜想，发现其独特魅力，并养成好的学习习惯。

（四）体验生成原则

数学授课中融入数学文化的相关内容，丰富了学生的学习内容，其课堂不再像往常仅仅是内容的灌输，在其文化的氛围之下，学生的主动性日益强烈，更加愿意参与到教师安排的具体活动中，进而更好地养成数学精神、感悟数学思想的方法，以及发展数学的思维。国内的数学课改日益注重学生在其学习中的主体地位，强调学生借助数学的活动熟知其知识技能。因为数学的抽象性相对比较强，对于小学生而言，借助亲自参与进数学活动，亲历其知识过程的过程可以更好地协助其掌握具体的知识内容。

数学文化与具体的数学知识内容相比更加具备隐性的特征，其与具体知识授课有所区别，更加需要其在授课中承担起载体的作用。学生在具体活动中借助具体内容学习领悟的文化的相关内容，体会到数学的文化魅力，具有差异性的生活经验以及知识背景的学生均可以有所收获。体验生成原则注重学生体验整个教学过程，在这当中不断思考、探索，进而获取数学的结果。小学阶段的教师在展开教学设计活动时，需要依据其具体的教学内容及学生的实际生活情况，创设一定的问题情境，引导学生在此种情境下，发现数学的学习价值，在探索中发现并且提出一些问题，进而分析与解决好问题，感受数学知识的诞生与发展的过程，进而加深学生对其认知，更新学生的知识经验，促使学生现有的知识获得完善、巩固与延伸。

四、数学文化在小学数学教学中渗透的理念

（一）发现生活中的数学

《数学课程标准（2011 版）》中指出："数学的教学应当从学生的现有知识背景与现实生活出发，向其提供丰富的交流与数学活动的机会，协助其在自主的探究中真正地掌握与理解基本的数学思想和方法，以及技能与知识，与此同时获取广泛的活动经验。"数学从实际生活中来，最终也要回到现实生活中去。数学被广泛地运用在生产与生活的方方面面，能够说数学这门学科的进步与人类社会的不断发展密不可分。因此，数学的教学应当与现实生活紧密相连，其教学只有源自生活，才不会变成"空中楼阁"。在具体的教学设计中寻求实际生活中的数学需要特别注意如下两个方面：

其一，建立起生活现实与数字知识的关联。数学文化材料导入数学课堂是为了更好地协助学生展开对数学思维、思想方法的领悟。然而文化材料的导入并非随意选择的，却是要考虑学生的生活经验与认知的发展状况选择更加适合他们的素材，才可以最大限度地发挥出文化材料在教学中的作用。在数学课堂上，运用生活的具体情况创设出学生所熟知的问题情境不只是可以拉近学生与数学间的关系，并且还可以高效地调动起学生的兴趣，巨大的求知欲促使其运用数学的眼光解决问题、发现问题并提出问题，这也是培养学生创新意识与运用意识的良好机会。比如，在具体生活当中的部分数字不可用整数进行表示时，我们应当怎样精准表示该数字呢？这时导入小数的知识，介绍其在现实生活中的应用，了解生产生活与数学知识的紧密关系，促使学生在真实的情境中体会数学的现实意义与价值。

其二，建立起其他的学科与数学的学科在现实生活中的联系。不同学科均非独立存在的个体，它们之间均有着紧密联系。例如，在建筑学中，大众需要设计出建筑外墙以及计算出房屋的每平方米的造价，此处既离不开美学知识，也离不开数学的运算知识。再例如，在地理学中，计算太阳折射角等相关的自然地理知识的时候，便需要应用到其计算的相关知识。因此，伴随学生年龄的不断增长，学生的各学科的知识量越来越丰富，教师在其授课中能够适度地引入数学与其他学科间的关系问题，促使学生知晓数学这门学科与其他学科间的密切关系，并且学会运用数学的眼光去看待问题以及解决问

题，体验到数学的应用意义与价值，进而调动学生的学习主观能动性。

（二）渗透数学的思想、方法

借助对数学文化的具体内涵详尽解读我们能知晓数学思想方法是其文化的隐性内容的关键组成部分，暗藏于其知识的逐步形成过程中与解决数学问题的过程中，是其文化的核心部分。《数学课程标准（2011 版）》强调，老师在授课时应注重思想方法相关内容的融入，以此协助学习者养成和提高数学素养。伴随学生的认知水平不断提高、年龄不断增长，授课中对该思想方法的融入要求日益提高。该学科的学习中，其思维与方法的学习是关键内容，会促使学生在日后的工作能力以及办事能力方面带来重大影响。所以，在授课中教师需要关注引导学生借助数学相关知识的学习以及问题的解决来感悟其中所蕴含的思想方法，类似数学的思想方法如此隐性的数学文化起到极为关键的作用，学生的数学素养也会随之逐渐获得提升。

然而，数学思想方法的融入并非简单粗暴地展开讲述便可以被学生所吸收，教师需要善于指导学生在具体的学习中参悟其思想方法的应用。在具体的实践中学习数学。数学的授课中教师需要注重数学活动环节的设计，促使学生借助自主探究、合作交流与独立思考等环节最大限度融入活动中，领悟其中所蕴含的思想方法。众所周知，亲身经历是最佳的学习方法，也是印象最为深刻的一种。学生自主展开数学这一问题的探究，促使其亲身经历数学相关知识形成的过程，是提高其教学效果的有效途径之一。

（三）培养数学文化素养

《数学课程标准（2011 版）》中，"数学文化"的具体内容展现的比例日益增大，获得众多一线从业教师以及专家学者的一致关注，数学文化素养更加是数学素养的关键部分之一，"科学精神"与"人文底蕴"的形成是学生进步的文化基础，对学生在未来提升个体精神品质、参与全球竞争以及弘扬优秀传统文化中占据重要地位。该文化素养关键是对学生思想情感方面的一种感染，心理学方面指出态度与情感是人类心理的关键组成部分，培养学生理性的认知态度以及良好的数学情感对于学生的终身发展与成长有着极为重要的作用。所以，在展开融入式的文化教学设计时，需要强调如下几个方面的内容：

其一，通过榜样进行数学精神的传递。在数学的悠悠历史中，有众多的数学家为了寻找真理不畏艰难、孜孜不倦的故事，在授课中通过数学家的各种励志小故事给学生传递勇于求真、不畏艰难的学习态度。

其二，不断增强学生的民族自信心。数学的历史成就众多，中国古代的数学大家们也为其进步与发展做出过众多贡献。在授课中不断弘扬我国古代的数学家曾经做出过的贡献，不只是能够帮助学生树立民族自信心，还能够拓展学生在该学科中的知识面，为学生形成正确的三观具有正面的辅助作用。

其三，善于运用数学文化与活动。对于小学生而言，相对于教师的单向知识传授来说，学生更加喜欢主动参与到学习过程的方式，所以数学活动是小学阶段学习数学的重要方式之一。教师在设置教学环节时，能够在数学活动中融入和本堂课的知识相关的小游戏、历史以及数学家的小故事等有趣的内容，从而引起学生的注意力，进而激发起学习的主观能动性。

其四，数学材料的适度关联性。因为学生年龄受限，不同年级的学生其认知的发展程度不同，在展开教学设计时，教师需要选择符合该学段学生认知水平的相关文化类素材，协助他们更好地理解数学相关知识，提高他们学习数学的自信心。

要促使学生一直拥有对数学的极大兴趣以及形成良好的素养是一个持续且漫长的过程，俗话说得好："十年树木，百年树人。"在教师不断的影响之下，学生总是会在教师所营造的学习氛围中产生变化，所以在平日的教学活动中，教师要养成将数学文化当作其日常教学中的一个部分的习惯，真正意义上实现其文化的育人意义与价值。

五、数学文化在小学数学教学中渗透的策略

（一）提高教师自身的数学文化素养

第一，小学数学教师应该树立起终身学习的观念，持续充实与提高自身的知识储备。数学教师能够购买、订阅部分与数学文化有关的书籍、著作与期刊，借助广泛的阅读充实数学文化方面的知识储备。教师还需要激发其探索知识的主观能动性，最大限度地运用互联网资源，比如电脑、手机等媒介与手段来搜集并学习与其相关的文化类知识，不断地获取最新的该领域的研究动态，与此同时还能够关注与此类内容相关的自媒体、公众号等，进而学

到更多数学知识，拓宽其视野。如果教师在授课时想给学生一杯水，那么教师本身就应该是一眼泉。教师只有透彻理解其文化的特征与内涵，才有希望高效地将其文化融入教学活动中去。与此同时，数学文化素养的养成并非一朝一夕的事，需要教师结合所学内容对课本展开深入的研究与挖掘，培养其勇于探索与创新的精神以及敢于质疑的精神，由此来不断提高自身的教学研究能力，并且在平日的教学活动中加以应用，进而探索出高效融入数学文化的授课方法。

第二，教育行政部门与学校应该加大对教师数学文化方面的培养力度。教师培训是促使教师专业化不断发展的关键渠道，有利于提高教师团队的整体素质，校方能够聘请研究该文化教育以及教学方面的专家，给教师们进行相关的培训，协助教师系统且持续地学习相关文化知识，借助专家的跟踪式指导，教师可以更快更好地提升个人的数学教学方面的文化素养。

校方也应当为教师创造与提供好的环境与氛围，进而为教师提高个人数学文化素养给予一定的帮助。比如，能够积极地进行各种交流讲座与研讨会，不断加强教师间互助、分享与合作的精神，教师在该过程中应该积极主动地彼此交流专业，探讨小学阶段数学课本中能展开文化融合教学的相关材料，共享融入教学的不足与经验，建立较好的合作伙伴关系。这有助于充分发挥出知识共享功能，在教师全方位提升个人文化素养与专业水平的同时，还有效地提高了融入式教学的授课效率。此外，校方还能进行以该领域文化为主题的课题研究，使得部分有能力与有经验的教师带头去执行，通过这些来协助更多教师在该教学实践中不断地总结经验教训，积累教学方法，进而提高数学文化的融入式教学水平。

（二）提高数学文化在教材设置上的科学性

实现数学文化与数学知识的整合。小学阶段课本中的有关数学文化方面的内容大部分是通过阅读形式呈现的，这并不代表着其内容一定是故事讲述方式，或者单一地复制与粘贴。数学文化具有极为丰富的内容，而具体哪些内容适合于用在该阶段的渗透文化教学中尚待整理与筛选，此后对该内容展开深入地研究，并且结合不同学段的学生心理特征，与之相匹配的知识进行有效整合，进而将其转化成为文化课程。所以在其编写小学数学教材时需要尽量采用不同形式来展示数学文化，打破"阅读"文化的局限。比如，教授《小数的产生》的时候，能够借助记录活动与设置度量，促使学生在具体的操作中体验到小数是如何产生的，如此的编排能使学生在解决关于生活方面的问题时把其知识与文化高度统一。与此同时，要将我国的数学文化与传统文化彼此融合，在授课中高效地激发学生的民族自豪感。如果将悠久的数学文化相关的内容与数学知识紧密联系到一起，学生便更易接受知识的学习。所以在具体编写课本中有关数学文化部分时，在内容设置上需要有一定的递进性，与此同时需要考虑不同阶段的学生的接受程度，依照知识呈现螺旋状递增的特点进行文化内容的编排工作，促使其更好地渗透到教学中，促使不同年级的学生均可以如实感受到数学文化的魅力与价值。

合理地布局数学文化。现行的大部分版本的小学阶段的课本均涉及数学文化方面的内容，并且专门设置了"生活中的数学""你知道吗"来进行相对简单地介绍一些数学文化方面的内容，促使学生知晓部分概念出现时的数学家的故事、背景知识、其在现实生活中的应用以及数学史。此类信息通常被设计在本章或者本节的结尾部分，作为阅读素材呈现。若是把此类内容较为巧妙地与课本正文彼此融合起来，并且在参考书目中提供此类素材运用的要求与说明，会协助教师高效地展开该文化的融入式教学，也会在很大程度上调动起学生的学习积极性。所以把数学文化知识与内容展开合理整合，并且跟进该部分内容的具体教学实施的授课指导会更有助于融入式教学的实施。

（三）明确渗透数学文化的教学目标

小学生身心正处在形成与发展的关键期，需要抓住关键时机培养其思维并且树立起正确的三观，促进素质教育的不断发展，这便是培养全方位人才的必经之路。小学阶段数学文化的融入教学应当以课本作为载体，以授课的过程作为切入点，所以在课程的标准中需要对该文化内容展开细化与研究，并确定一个明晰的目标要求，促使它成为规范教师展开文化融入式教学的基本标准。与此同时，目标的中立应该明确其对学生综合类素质的评价指标与考察内容，比如，培养学生创造美、发现美、欣赏美的能力，培养学生理性的思维精神、正确的科学态度以及学习探索精神。教育管理部门需要做好引导学习课标的相关工作，促使小学教师可以正确地解读新课标要求，明晰不同板块的教学要求与任务，并且可以很好地理解对其文化教学的相关要求，进而高效地开展数学文化的融入式教学。

（四）充分利用网络资源进行数学文化渗透教学

伴随信息技术与网络的广泛应用，学生学习的方式与教师的教学方式都在发生着改变。教师能够布置新课前的预习作业，促使学生借助快捷方便的互联网主动地学习与本节课文化有关的知识信息，在学习结束之后，同样能让学生再次通过网络搜集相关的扩展性的知识进行整理并与其他同学和教师进行交流与分享。《教育信息化十年发展规划（2011～2020 年）》要求教师在以往的教学模式基础之上，通过互联网等媒介，不断加以创新和改革。与此同时，还需要转变其教师作为主体的授课观念，需要进一步明确自身的教学职能与角色，充当学生学习相关知识的引导者与组织者，更好地发挥出学生的教学过程中的主体地位，与此同时在授课中耐心接受学生的建议，与之进行积极的交流与互动并在这当中做到教学相长。教师在开展数学文化融入式教学时，有的时候较难在一定的时间内将全部的文化内容展示出来，这边要求教师把现代的教学方式与以往的教学方式相结合，通过高科技手段，直观且动态地展示相关内容，能够使学生感受知识形成的过程，打破融入式教学的难点与重点，进而不断提高数学文化的融入式教学效率。特别是在空间几何的授课中，如果增加多媒体的演示教学法，就会有助于学生获得知识的深刻理解。比如，在学习《位置的表示方法》时，首先要借助电子白板把座位图转化成为电子图，然后在电子图基础之上生成平面直角坐标系，有助于学生空间思维的建立。再比如，在讲授《圆的面积》一课时，也可以采用多媒体课件较为直观地演示出圆形的分割过程，学生可以直观地感受到几何图形的学习中的等积变换与极限思想等关键的思想方法。与此同时，教师还能把数学文化的内容制作成小视频的形式，供学生多次反复地学习，如此延伸与拓宽了其文化教学施展的空间与时间。

第六章　小学数学课堂教学中学生数学能力的培养

第一节　学生数学逻辑思维能力的培养

一、逻辑思维能力的概念

（一）思维能力

人们在生活、学习、工作的过程中会遇到一些问题，这时候我们就会想一下，这种"想"就是思维能力。它通过比较、推理、判断、分析、概括、抽象、综合等思考过程对感性材料进行整理与加工，并使其转化为理性的认知。由此可知，思维能力对人类的活动具有非常大的影响，不管是学生的学习活动，还是人类的发明创造活动，思维能力都发挥着重要作用。

（二）逻辑思维能力

逻辑，这个词语的英文是 logic，它最早在希腊语中出现，被翻译为罗格斯，是一个外来词，它原本的意思是事物的秩序、规律、言辞、思想等。合理且正确的思考能力就是逻辑思维能力，也就是对事物进行推理、观察、综合、分析、判断、概括、抽象的能力，使用了科学的逻辑方法，具有条理且非常准确地对自己的思维过程进行表达的能力。想要学好数学，就必须掌握逻辑思维能力。

二、常用的逻辑思维方法

（一）推理和判断

对一个事物的属性与性质进行否定与肯定的思维的形式就是判断。思维的过程需要利用判断去进行，思维的结果也是由判断的形式表达出来的。推理就是在一个、几个判断中引出的新的判断，它可以分为三种，即类比、演绎和归纳。由个别到个别的推理就是类比，由一般到特殊的推理就是演绎，而由特殊到一般的推理就是归纳，这些推理是利用特定练习进行分析的，其产生的结果不是肯定的，还需要利用一些其他的证明方法进行检验，但是它在引导学生正确思考、思维的开发方面具有巨大影响。

（二）分类与比较

分类法是根据事物的共同点和差异点将事物区分为不同种类的方法。分类是以比较为基础的。依据事物之间的共同点将它们合为较大的类，又依据差异点将较大的类再分为较小的类。分类既要注意大类与小类之间的不同层次，又要做到大类之中的各小类不重复、不遗漏、不交叉。

比较法是通过对比数学条件及问题的异同点，研究产生异同点的原因，从而发现解决问题的方法。比较法要注意：①找相同点必找相异点，找相异点必找相同点，二者不可或缺，也就是说，比较要完整；②找联系与区别，这是比较的实质；③必须在同一种关系下（同一种标准）进行比较，这是"比较"的基本条件；④要抓住主要内容进行比较，尽量少用"穷举法"进行比较，那样会使重点不突出；⑤数学的严密性决定了比较必须要精细，往往是一个字、一个符号就决定了比较结论的对或错。

（三）分析与综合

分析与综合之间是可以相互进行渗透与转化，分析是在综合的指导下展开的，综合又需要在分析的基础上进行，所以综合是分析的发展延续，分析是综合的前提条件。[①] 分析、综合这两者之间的循环反复与相互转化有利于

---

① 王春丽，何向东 . "以人为本"与逻辑思维素质培养——"钱学森之问"引发的思考 [J].西南大学学报（社会科学版），2010, 36(6)：46-50.

人们不断地进行探索，加深自己的认识，获得持续发展。分析法使人们越来越深刻地认识事物，但是因为事物中的每一个部分都是被分解的，所以就不容易使人们比较全面地去认识事物。而把事物的各个部分连接在一起进行思考的是综合法，综合法站在整体的角度上认识研究的对象，但是这也可能使得认识的结果浮于表面，不够深刻。①

（四）抽象与概括

在众多的、存在某种联系的事物中，选取出它们所共同拥有的本质特征，把它们之中并非本质的特征抛弃掉，这种逻辑思维方法就是抽象。②进一步讲，抽象就是人们在实践操作中对于获得的直观材料进行"去伪存真、去粗取精、由表及里、由此及彼"的思维活动，从而形成以思维方式存在的材料，如推理、判断、概念等，以此来研究个体的本质规律与属性。概括就是从思维中把一些存在联系的事物中的属性、规律提取出来并进行拓展，使其延伸至具备这种属性与规律的所有事物，从而形成比较普遍的推理、判断、概念的思维方式。

对上文提到的这些逻辑思维方法进行整理可以发现，在人类思维发展的过程中，各种逻辑思维方法存在密切的关联，因此，我们要重视培养逻辑思维能力。在教学过程中，要积极培养学生的逻辑思维能力，努力提高学生的逻辑思维能力。

三、小学生初步逻辑思维能力培养的要求

根据小学数学教学大纲的规定，整个小学阶段都要培养学生初步的逻辑思维能力。但在整个小学阶段，小学生的思维水平是存在着很大的差别的。人所共知，刚入学的6岁儿童带有很大的直观形象性，颜色、声音、图像、动作等都会对他们具有极大的吸引力，保留着学龄前儿童思维的特色；而五六年级的小学生却在一定程度上具有少年期的特征，这一阶段的小学生，他们的抽象逻辑思维已经开始占主要地位了。为了教学工作的需要，我们认

---

① 段素琼.小学数学教学要重视学生逻辑思维能力的培养 [J].科学咨询（教育科研），2009（11）:57-58.

② 李文革.小学数学逻辑思维能力的培养 [J].成功（教育），2013（16）:52.

为有必要把小学生初步逻辑思维能力的培养分成低、中、高三个年段。

以"抽象概括"为例，说明低、中、高三个年段的基本要求。

低年段（一、二年级）

特征：主要属于直观形象的概括水平。处于对实物或图形的直观的、形象的概括，能结合自己的经验，用比较直观的语言把要形成的概念加以说明。

要求：

（1）能够从实物、图形中抽象出有关的数的概念。对10以内、100以内、万以内数的实际意义有所了解，掌握它们的组成和顺序。

（2）在教师的帮助下，能够概括地掌握有关的计算法则，并能具体运用。

（3）在初步理解加、减、乘、除的意义的基础上，能够掌握和、差、积、商的数学术语，并进行简单的运用。

（4）能够直观地理解一个应用题的基本数量关系，初步建立可逆性的联想，正确解答一个应用题（包括逆向题和倒叙题）。

（5）能够直观地认识直线、线段、直角、长方形、正方形等，正确建立这些图形的表象，并且能够用比较准确的语言概括出长方形、正方形的基本特征。

中年段（三、四年级）

特征：主要属于形象抽象的概括水平。处于从形象水平向抽象水平的过渡，学会区分出对象中的主要与次要、本质与非本质的属性，逐步接近科学的概括。

要求：

（1）运用十进制计数法，对多位数的数值进行抽象概括（数概念扩展到小数、分数的开始阶段，仍属于直观形象的概括）。

（2）能够总结和概括出加与减、乘与除各部分之间的关系，并能利用这些关系求未知数 x。

（3）在教师的引导下，能用数字语言概括运算定律、运算法则以及有关公式等，并能正确运用。

（4）掌握应用题中常见的数量关系（如速度、时间、路程；单价、数量、总价；工作效率、工作时间、工作总量等），形成互逆的思路。

（5）能用语言描述和概括三角形、平行四边形、梯形的特征，初步形成面积的空间观念。

高年段（五、六年级）

特征：以本质的抽象概括为主。对数学材料的本质属性和内在联系进行抽象概括，开始能够掌握某些概念的定义，逐步形成概念系统。

要求：

（1）能对小数、分数（百分数）的意义和性质进行概括。

（2）能概括掌握分数（百分数）的四则运算法则，并能具体运用。

（3）能概括判断正比例、反比例的数学关系式，能用字母表示数、表示常见的数量关系、运算定律和公式，并能进行实际运用。

（4）能够认识圆、圆柱和圆锥，概括掌握长方体、正方体的特征，初步形成体积的空间观念。能对已学过的各种几何形体进行比较，揭示其间的内在联系，逐步形成概念系统。

（5）初步掌握作图表、拟提纲等概括方法，小结学习要点，进行知识归类。

这样，可以把逻辑思维的其他几个方面，如比较与分类、分析与综合、判断与推理也都按上面的三个年段分析其特征，并提出基本要求。可以看到，这三个年段是相互连续的，又是相对独立的，可又不能完全截然分开，因为前一年段孕育着后一年段的一些特点，后一年段又遗留着前一年段的某些痕迹。就拿加法交换律来说，低年级的学生，只能通过直观演示，得出一个初步的感性认识，如"把两盘桃的位置调换一下，桃的总数不变，4加2等于6，2加4也等于6"；当学生进入中年段，就可以用数学语言概括出以下的结论："两个数相加，交换加数的位置，它们的和不变，这叫作加法交换律；"至于高年段的学生，则完全能够掌握用字母表示加法交换律：a+b=b+a，并拓展到小数、分数的范围。因此，我们不能"操之过急"，也不能"原地踏步，如果让刚入学的一年级学生就得出加法交换律的结论，那么欲速则不达，他们只能机械记忆；同样，到了高年段还不具备抽象能力，也阻碍他们概括能力的发展。下面我们再举"类比推理"的事例来说明一下。类比推理是利用事物间的某些相似之处进行的推理。一年级学生学"20以内加法"时，学了"9加几"初步掌握了"凑十法"，就能推到"8加几、7加几……"推理的范围是比较小的，推理能力位于萌芽阶段；到了中年段，就可以进行小数的加减法则的学习，推理的范围可以逐步扩大，这时候，推理能力位于发展阶段；

步入高年段，又可以依据比与分数、除法之间的联系，在分数的基本性质、商不变性质中推论出比的性质，推理范围进一步发展，推理能力初步形成。由此可见，小学生的类比推理方向是由纵到横，推理范围是逐渐扩大发展的，推理能力是一步步提高的。我们掌握了这些特点后，就能正确处理好阶段性和连续性的辩证关系，循序渐进，及时过渡，通过我们的引导和训练，使学生初步的逻辑思维能力能够持续而又正常地发展。

此外要说明的是，前面所提到各年段初步逻辑思维能力的基本要求是根据该年段学生思维过程中的一般的、典型的、本质的特征来制定的，这些思维特征只代表学生思维发展的一般趋势。应该说，同一年龄的学生，由于个体心理成熟的早晚，经验积累的多少，尤其是学校、家庭以及社会教育的影响，思维发展有一定的差异。因此，各班进行教学时，还要根据本班学生的具体情况出发，不搞一刀切，注意因材施教，使每一个学生的逻辑思维能力都能得到发展，思维的敏捷性和灵活性也得到培养。

四、小学生数学逻辑思维能力培养的策略

（一）重视良好的认识结构的形成

注意思维能力的培养决不能忽视"双基"，相反，要更加加强"双基"。能力作为活动顺利完成的保证，是在知识的掌握和运用中发展起来的。逻辑思维能力的培养更不能离开数学知识的掌握，试问一个数学基础知识贫乏的人，能通过分析、综合、抽象、概括实现知识的迁移吗？光凭其想象就能有所创造吗？今天我们说加强"双基"，不仅要注意知识的广度或深度，还要使学生形成良好的认知结构。根据现代学习理论的研究，影响学生学习的内因很多，如学生本身的认知结构、智力水平、动机、兴趣、性格、意志等，外因包括教师、班级、学校以及社会的影响，但最根本的影响因素是学生头脑中原有的认知结构。

认知结构和教材中的知识结构是两个不同而又有密切联系的概念。教材结构对学生来说是外在的、客观的东西，学生在学习过程中，又把这些外在的知识结构"转化"为头脑中的认知结构，这种"转化"不是简单的移植，而是一种主动的认识活动。当新知识进来时，学生就有一个主动选择、过滤的作用，学生会自己选择吸收什么，不吸收什么。当新知识和学生自己原有

的知识基础相一致，就会把它纳入原有的认知结构之中，这一过程叫作"同化"。例如，学习"求相差"的应用题，再去学"求较大数""求较小数"的题目，新旧题目中的"较大数、较小数、相差数"的关系就联系在一起了。当新知识与原有的认知结构不完全一致的时候，那新知识对原有的认知结构起着改组、重建的作用。例如，在整数除法中，开始学习"除尽"的概念是指"商是整数而没有余数"，学到小数除法，又指"商是有限小数"，以后学习数的整除时，整除又成为除尽的一个特例，随着不断地学习，认知结构逐步扩大、完善。由此可见，认知结构是内在的、概括的，而且是动态的。每个学生的认知结构并不都是一样的，一个好的认知结构可以接纳更多的信息量，人们是凭借着知识的迁移和认知结构的改善来获取知识，并在这个过程中由知识转化为能力。因此，在教学中，教师要随时注意引导学生把新知识纳入原有的知识系统中去，使它们竖成线、横成片，组成知识网络。

（二）要重视思维训练

要根据教学内容对不同的学生进行不同层次的思维训练。首先要培养学生的联想能力。例如：由"男生与女生人数之比是 5∶6"就能联想到：女生与男生人数的比是 6∶5，男生是女生人数的 $\frac{5}{6}$，女生是男生人数的 $1\frac{1}{5}$ 倍，男生比女生少 $\frac{1}{6}$，女生比男生多 $\frac{1}{5}$，男生是全班人数的 $\frac{5}{11}$，女生是全班人数的 $\frac{6}{11}$……。这种联想，可以使学生对比分数的关系，单位"1"的概念以及分

数中常见的数量关系，从而对其理解的更加深刻，并且加强有关知识间的相互联系，做到走一步，看两步，想到第三步。在遇到解答应用题时，可以利用联想，把某些条件转化为实质相同但表达形式不同的条件，促使数量关系逐步明朗，化难为易，达到解决问题的目的。经常进行联想能力的训练，也有利于培养思维的灵活性。其次要重视可逆思维的训练。逆向思维就是一种思维自由而迅速地由一个方向转到相反方向的能力。从国内外许多专家实验的报告中可以看出，凡是数学能力强的学生，他的逆向思维一般也很突出。逆向思维的训练要结合教学内容，从一年级就要开始逐步培养。如儿童知道 8＞7，就能得出 7＜8；以后会计算 25＋8＝33，也同时会算 8＋25＝33；见到"山羊比绵羊多 10 只"，就立即反应"绵羊比山羊少 10 只"；知

道"红花是黄花的 3 倍"，就能推出"黄花是红花的 $\frac{1}{3}$"；看到"每小时行 8 千米"，就知道"行 1 千米需要花 $\frac{1}{8}$ 小时"；看到一个加法，就能想到两个相应的减法，由一个乘法推出两个除法，公式会由左到右看，也能由右到左看，即（a+b）c=ac+bc；ac+bc=（a+b）c。

根据近年来国内外有关专家的研究，发现一些小学生中，当他们的顺向思维出现时，逆向思维也几乎可以同时形成。因此，我们不要低估小学生的发展，只要不失时机地去引导他们，就能见到成效。

此外，在训练学生的思维时，也要适当设计一些灵活的、开放型的题目，供学生练习。有的还可作为思考题供课外小组活动时采用。

例如：

（1）$\frac{1}{3} \times$（　　　）$= \frac{1}{4} \times$（　　　）$= \frac{1}{5} \times$（　　　）。

（2）写出全部 50 以内和 7 互质的数。

（3）把 24 个一立方厘米的方木块拼成各种长方体，你能拼成多少种？

（4）把 1，2，3，4，5，6，7，8 八个数分成两组，把每组四个数加起来，使它们的和相等，有几种分法？

（三）进行启发式教学，重视学生的学习过程

学习是学生的内部过程，而不是一种结果，要让学生参加形成知识的过程。教学过程是以教师为主导、学生为主体的可控的双边活动，当前教学中的问题之一，是重教不重学，只重结果不重过程。人所共知，未来的文盲不是不识字的人，而是没有学会怎样学习的人。要教会学生学习，教会学生思考，就要贯彻启发式教学。下面列举一个"求平均数"的教学实例说明。一般来说，学生学习这类题目并不困难，可是真要达到教学大纲的要求，也不是轻而易举的。这里有两个问题：其一，建立平均数的基本思想（即是最初步的统计思想）。把几个大小不等的数，移多补少，使它们平均，平均数可以标志这组数量分布的典型情况。其二，找出求平均数的解题规律，即总数量÷总份数＝平均数。为此，有位教师紧紧地根据学生的认识规律，设计了教学过程。先拿出了三个笔筒，里面分别插有 2 支、7 支和 3 支铅笔。提问："谁能把铅笔移动一下，使每个笔筒里的铅笔一样多？"（如图 6-1 所示）

一名学生前来，想了想，从第二个笔筒中拿去 2 支放入第一个笔筒中，又拿出 1 支放入第三个笔筒中。教师又问："现在第一个笔筒里有几支铅笔？第二个呢？第三个呢？""谁看见刚才他是怎样移动的？"（暗示"移多补少"）通过第一层次的实际操作，已经积累了一些感性的认识。接着，"还有没有别的办法？"学生跃跃欲试，另一名学生上来，把这三个笔筒里的铅笔全拿在手里，又分别在每个笔筒里放上 4 支，并且说："我把这 12 支铅笔平均分成 3 份，每份是 4 枝"。教师连忙追问："那么这 12 支铅笔是从哪里来的？"（暗示总数量是原来几个大小不等的数量之和）。然后引导大家讨论"喜欢哪种方法？"一般认为两种方法都可以，但第一种有些数目较大，不易分清。于是引导大家寻找其解题规律，很顺利地得出：

（2+7+3）÷3=4（枝）

总数量 ÷ 总份数 = 平均数

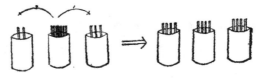

图 6-1　求平均数案例图

又把平均数"4"与原来三个笔筒中的铅笔数相比，它比第一、第三个笔筒铅笔数多，比第二个笔筒的铅笔数少，进一步明确了求平均数的实际意义。学生在课堂作了几道简单的求平均数题目以后，教师又结合本班实际，请四名学生分别报出自己的体重，然后让大家估计一下他们的平均体重。不一会儿，就有学生站起来说："我想平均体重应该不大不小，在中间"，有的说："最重不超过小王（四人中最胖的），最轻不低于小赵（最矮小的）"，说明学生已基本掌握了平均数的基本思想以及有关的解题规律，培养了一些初步的估算能力，达到了大纲的要求。在整个教学过程中，教师巧妙地运用了实际操作、谈话、讲解、练习等方法，并把它们有机地结合起来，围绕本节课的重点，启发学生思考，引导学生探索。在整个教学过程中，学生既学到了知识，又发展了思维。

（四）重视非智力因素的培养

兴趣、动机、意志、情感、态度等非智力因素对于小学生的数学学习有着十分重要的作用。我们必须意识到，思考也是一种艰苦的劳动，我们要培养学生，不仅肯于思考，还要善于思考。在这里，"肯"是指态度，就是指要有勤学刻苦的精神；"善"是指方法，就是指要掌握观察、比较、分析、综合、判断、推理等思考方法。除此之外，学生还应具备良好的学习态度。

激发学生学习的兴趣是有重要意义的，兴趣是人们对某种事物特别爱好的情感状态。当学生对数学产生兴趣时，总是积极地去思考、去探索、去学习，从而达到乐此不疲，欲罢不能的地步。兴趣对学生来说有积极的作用，有人说得好："情感之对思维，犹如能源之对发动机。热爱是最好的老师，兴趣是智力开发的原动力。"我们要使学生由"学会"变为"会学"，必须由"要我学"变为"我要学"，这样才能变"苦"学为"乐"学，变"难"学为"易"学，最后才能变"死"学为"活"学。

（五）重视学生语言的训练

语言是思维的结果，也是思维的外衣。思维的发展和语言的表达有着密切的关系，人们思维的结果、认识活动的成就都是通过语言（口头或书面）表达出来的，而语言的磨炼，又能促使人的思维更加清晰。这种辩证关系，使得人们的抽象逻辑思维能力得以逐步提高。事实也是这样：想得清的人才能说得清，说得清的人也一定想得清。

在小学阶段，培养初步逻辑思维能力的同时，必须同时注意培养学生的语言表达能力。低年段要求学生先想后说，能用完整的句子来表达；中年段可以要求有条理地、连贯地表达自己的思维过程；高年段要侧重于语言准确、简练且有根据地进行表达。这样有计划、有顺序、有要求地进行培养，持之以恒，定有成效。

除此之外，还要注意数学语言的运用。数学语言是利用一些数学的名词术语、关系符号来表达数学概念、结论或说明解题思路的，它具有准确、简练、严谨的特点。在中高年段学习数学时，要注意引导学生运用数学语言读算式，如 $16 \times (20 + 8) = ?$ 读作：16 乘 20 与 8 的和，积是多少？通过这样的训练，不仅有利于理解题干，还可以培养学生思维的逻辑性。

在这方面，数学教师的语言应该成为学生的表率。数学教师的语言要力求准确，条理清楚，深入浅出，逻辑性强，还要注意启发性和生动性。同时要讲究板书的质量，要书写规范，重点突出，有系统，有层次。总之，通过教师的模范带头作用，潜移默化地提高学生的语言能力。

第二节 学生数学形象思维能力的培养

一、数学形象思维的概念

（一）数学形象思维

数学形象思维是思维的一种形式，也是一种心理过程，它对数学对象的特征以及数学对象给我们的最直观的感觉进行总结。当一个数学对象表现出非常独特的特征时，我们会对它产生比较强烈的印象，而数学对象产生的冲击，会使人在脑海中形成数学形象。人们会使用自己的大脑对某些信息进行加工与处理形成数学形象，通过理想的数学形象对信息中的规律与本质进行认识。数学形象的范围包括试验、表格、几何图形、实物、符号、模型、语言等，它的范围是非常大的，还包括了大脑中的一些数学知识。

由此可知，在对数学对象进行认识的过程中，通过对典型事物的总结，得到事物本身就存在或者是可能存在的形象，并对这一事物进行思维加工，从而展示出的这一事物的变化规律的一种数学思维活动就是数学形象思维。

（二）小学生数学形象思维

全面提升学生的素质是教学的根本任务，其中最重要的部分就是思维素质，而培养学生优秀思维素质的关键之处就在于数学思维方法。[1] 小学生数学形象思维指的是小学生在学习的过程中，通过分析数学形象思维的材料的表面形象，对数学对象的内部的规律、本质进行揭示的思维过程。针对思维发展不那么健全的小学生，可以利用比较直观的方法，使其比较容易地发现

---

[1] 任小雁. 如何在小学数学教学中渗透数形结合思想 [J]. 吉林省教育学院学报，2013 (10)：75-76.

学习对象的内部规律与本质。小学数学形象思维是小学生在认识数学对象的过程中，将比较混乱、繁复的数学对象进行整理、概括，得到事物本身就具备或者可能具备的形象，是小学生通过数学对象的直观形象把它们之间的联系反映出来的过程，这种思维具有三种性质，即概括性、抽象性、形象性。由此可知，小学生进行数学学习的过程中，通过归纳、整理数学对象，从而发现数学对象本质的思维活动就是小学数学形象思维。

二、小学生数学形象思维能力培养的理论基础

（一）皮亚杰的认知发展阶段理论

20 世纪，发展心理学最权威的理论就是认知发展理论，皮亚杰是其创始人，他提出在教育的过程中发展儿童的智力，提升其创造性，培养其思维能力，他还提出，儿童认知结构的发展建立，以认知图式持续重建的过程为基础。他依据认知图式的基本性质对儿童的认知发展进行划分，分为四个阶段。

第一，感知运动的阶段。新入学的小学生位于一个感知运动的阶段，他们主要通过动作与感觉对世界进行认识。他们可以通过不同的手势与语言去表达他们的感受与需求，其认识开始出现符号功能是这一阶段儿童的思维特征，但是处于这一阶段的儿童被直觉思维支配，还不明白怎样去判断正确与错误。比如，他们只能把两根粉笔相互对齐之后才能判断出这两根粉笔的长短，如果移动其中的一根粉笔，使其与另一根粉笔不在一个水平面上，他们就会认为这两根粉笔不是一样长的。所以这一阶段的孩子还没有形成逆向思维。

第二，前运算阶段。2 ～ 7 岁的儿童被皮亚杰的理论归于前运算阶段，这一阶段的儿童已经可以建立符号功能，可以依据客观形象开展思维活动。然而，处于前运算阶段的儿童很难理解他人的感受与观点，经常把自己作为中心点，这一时期的儿童没有对部分与整体关系进行区分的能力，依然没有形成逆向思维。

第三，具体运算阶段。成长到 7 ～ 12 岁的儿童处于具体运算阶段，他们在这一阶段仍然依赖于客观形象，没有形成独立的思维。以皮亚杰的观点为依据，可以知道这一阶段的儿童已经具备了真正的运演性质，换句话讲，

他们已经拥有了基础的运演知识，可以帮助他们进行简单推理。这一时期的儿童思维抽象性快速地发展，其思维拥有了守恒性与可逆性，但是这种思维还处于初步发展的阶段，需要依靠客观事物。

第四，形式运算阶段。12～15岁的儿童处于这一阶段，他们的认知发展到了最高的阶段，逐步走向成熟。这一阶段儿童的思维已经发展到了抽象逻辑阶段，已经具备演绎、推理、假设的能力。12岁左右的儿童在思考时开始摆脱对于客观事物的依赖，对于象征性与概括性的资料，具备一定的能力去进行逻辑推理。儿童已经初步具备对抽象性问题进行解答的能力，不单单只是可以处理形象化的对象，这就是形式运算的主要特征。而且，这一阶段的儿童可以使用象征性的符号去取代其他的事物，已经具有区分实质与形式的能力。但是从整体上来讲，这一阶段的抽象思维才刚开始形成，因此，儿童在处理问题时还是需要依靠他们的感性经验，思维仍旧表现出一定的形象性。

从皮亚杰的认知发展理论来看，这次选择三年级的小学生作为研究对象，这些学生仍然处于具体运算阶段，这一阶段儿童的思维需要客观事物作为参考，其思维需要以具体的事物为基础。所以，为了推进学生形成优良的思维品质，教学的设计方案需要建立在现阶段思维发展的水平上并与儿童发展的特征相吻合。

（二）认知心理学的表象加工理论

以当代的认知心理学观点为依据，可以知道信息编码最为基础的形式就是表象，信息需要转换为具体的表象储存在记忆之中。开展形象思维的非常重要的形式就是把具体的表象进行重新的组合，使其变成新的表象。这一理论的实验支持就是著名的心理旋转实验，它是向被试呈现一组立体图形，以第一个图形为标志，要求被试辨别其他五个图形与第一个图形是否相同。这五个图形有的是第一个图形的镜像，有的与第一个图形相同，但必须加以旋转，旋转的范围是0°～180°，最后将以被试做出判断的正误以及反应的时间来进行结果分析。这一实验证实了表象是信息贮存和加工的一种方式，说明了表象的唯一性。表象是以客观实物为基础，经过大脑的内化以模型或观念的形式保存起来，它具有形象化的特点。表象在大脑中的组合加工与主体对客观实物进行知觉时的信息加工基本相同。

形象思维以表象为基础，心理学家为了区分形象思维和抽象思维，把依赖具体表象进行的思维活动称为形象思维。心理旋转实验也证实了，在某些时候人主要依靠视觉来处理问题。表象知识库（记忆）的逐步累积和更新的过程也会产生形象思维。

依据表象加工理论可知：在形象思维过程中，思维主体不仅能够对数学表象进行保存，同时还能对其进行加工使之重新组合，形成新的数学表象。表象是进行数学形象思维的基础，因此在此次教学实验过程中，将利用多媒体技术的图、文、声、像等特点，为学生提供丰富的图片和模型，帮助学生累积数学表象，并通过多媒体的直观展示，化抽象为形象，引导学生进行数与形、形与数的转换。力求在教学过程中提高学生的形象思维能力，促进其思维品质的全面发展。

（三）罗杰·斯佩里的大脑分工理论

美国著名心理生物学家罗杰·斯佩里通过实验证明了人的大脑分为左右两个半球，各自具有其独特的功能，他也由此获得了 1981 年的诺贝尔生理学或医学奖。大脑分工理论是在此基础上提出来的，大脑分为左脑和右脑，其中左脑是逻辑思维的主要区域，而右脑负责的是形象思维，同时也是潜能激发区。

左右脑在功能上的差异性使得它们在处理信息的方式上表现出非常大的不同。右脑是产生形象、直观、思维、想象区域，而左脑控制推理、语言、五感（触觉、听觉、视觉、嗅觉、味觉）等。大部分人并不习惯于形象思维，而有学者证实如果右脑中积累了足够多的表象，它会自动对这些表象进行重组、加工形成新表象。右脑的活动是如顿悟、灵感、做梦等潜意识思维，而左脑在思维过程中通常表现为显意识思维，同时，右脑具有极为优秀的创造天性，表现出极高的创造性，这是由于右脑拥有非常快的处理速度、巨大的储存空间以及高效的信息处理模式。对右脑的潜能的开发可以培养人的创新思维能力、直观判断能力等。

大脑分工理论使人们逐渐意识到形象思维的重要性，从而开始科学地建构右脑，开发形象思维能力。在现代教育观的引导下，将左右脑和谐发展的教育理念融入小学数学教学中，指导数学教师的教学，能够更好地促进小学生思维的发展。罗杰·斯佩里的大脑分工理论为教学实验奠定了理论基础，为培养小学生形象思维提供了理论依据。

三、小学生数学形象思维能力构成要素

（一）平面想象能力

在数学形象思维中，平面想象能力是出现时间最早的能力，学生在开始学习数学之前就已经具备了一定的平面想象能力。面对比较复杂的二维图形，大脑需要对其进行分析与观察，并进行想象，使其转化为比较简单的二维图形，这就是平面想象能力，它可以把复杂的事物用简单的方式表示出来，可以把比较复杂的问题转变为比较容易解决的问题。所以，简化能力就是平面想象能力，它可以划分为三个部分，即建立平面观念、平面表象以及操作平面表象。教师应注重提升学生的平面想象能力，平面想象能力对数学思维的发展具有重要作用。

（二）空间想象能力

空间想象能力是人们对客观事物的空间形式进行观察、分析、认知的抽象思维能力，它主要包括三个方面的内容：第一，能根据描述几何图形的语言、符号，在大脑中通过想象构建出相应的空间几何图形，并能正确想象空间几何图形的直观图。第二，能根据空间几何图形的直观图，在大脑中分辨出空间几何图形组成部分，即各部分的形状、位置关系和数量关系。第三，能对大脑中的空间几何图形进行拆解与组合，重组成新的空间几何图形，并正确分析其各组成成分的位置关系和数量关系。空间想象能力的强弱具体表现在想象出来的图形与现实中的事物的相符程度。随着现代科技的发展，教师可以在教学中使用一些多媒体技术辅助培养学生的空间想象能力，进而促进学生数学思维的全面发展。

（三）数形转化能力

数学思想是数学知识的结晶，是高度概括的数学理论，数形转化通过数与形之间的对应与转化，把抽象的数学语言和直观的图形紧密结合，从而培

养学生的抽象思维，实现抽象思维与形象思维的有机结合。[①] 数与形是数学中的两个最古老也是最基本的研究对象，它们在一定条件下可以相互转化。数学研究的对象可分为数和形两大部分，数与形是有联系的，这个联系称之为数形结合，或形数结合。作为一种数学思想方法，数形结合的应用大致又可分为两种情形：借助于数的精确性来阐明形的某些属性，或者借助形的几何直观性来阐明数之间的某种关系，即数形结合包括两个方面，一是"以数解形"，二是"以形助数"。"以数解形"就是有些图形太过于简单，直接观察却看不出什么规律来，这时就需要给图形赋值，如边长、角度等。在数学学习活动中，认识问题和解决问题，都是知识与方法相互作用的结果。综上所述，数形转化能力是指从几何直观的角度，利用几何图形的性质研究数量关系，寻求代数问题的解决方法，或利用数量关系来研究几何图形的性质，解决几何问题的一种能力。

（四）综合思维能力

综合思维能力是指通过分析、综合、概括、抽象、比较、具体化和系统化等一系列过程，对感性材料进行加工并转化为理性认识去解决问题的。这个过程需要观察能力、实践能力、思维能力、整合能力和交流能力的共同参与。无论是学生的学习活动，还是人类的一切发明创造活动，都离不开综合思维能力，综合思维能力是学习能力的核心。综合思维能力作为形象思维能力的一部分，它贯穿于形象思维能力的全过程，前面所说平面想象能力、空间想象能力，还是数形转化能力，都是单独存在或者是两者之间有联系，而综合思维能力则不同，它要考虑到方方面面，是综合了几种能力于一体的思维能力。

四、小学生数学形象思维能力的培养策略

（一）勤于动手以锻炼操作能力

教师在对小学生进行教学的过程中，应该重视培养小学生的动手能力。小学生的思维特征要求他们在学习中需要动手操作，只有这样，他们才可以

[①] 袁婷 . 小学数学教学中数形结合思想的渗透研究 [J]. 学周刊，2015 (6)：60-61.

真正得到一些感受。很多学生在学习数学的时候不喜欢动手操作，这是非常不好的习惯。教师想要教好学生数学，就必须鼓励、引导学生自己动手操作，教师讲千遍万遍不如学生们自己动手实践一遍，这可以使学生对学习的知识印象更加深刻，并且丰富了学生对于数学表象的感知，增强其形象思维能力。教师应引导学生自己亲自进行操作，去发现问题，去分析、解决问题，这种方式可以有效开发学生的数学运算能力、空间能力与形象思维能力。比如，在学习长方体这一部分的知识时，学生只有充分体会到顶点、棱、面的形成过程，才可以对长方体的构成进行充分的理解。所以在课堂中，学生可以使用小刀去切橡皮泥，切下来之后就会形成一个比较光滑、平整的面，学生可以自己用手去摸一摸，感受一下什么是面，再让学生继续动手，在面的四分之一处再一次进行切割，这样就形成了两个面，这两个面相交的地方就是棱，接下来在棱的四分之一处再切一刀，这时候就形成了三个面，这三个面相交的点就是顶点，学生们在感受完棱和顶点之后，可以再进行切割或自己动手制作一个长方体。通过这个实践过程，学生们就能明白长方体的形成过程，对于长方体知识的印象就会非常深刻。

（二）丰富情境以扩大想象空间

丰富情境有利于集中学生的注意力，提高学生的学习兴趣。学生对学习的素材感兴趣时，其思维的主动性与积极性就会提高，这对学生的学习以及其数学思维的发展具有积极的推进作用。丰富情境是数学教学中常用的一种方式，它可以引导学生使用形象思维去解答比较抽象的问题，学生基于情境，思路会更加广阔。通过情境下的想象，数学中的抽象知识被赋予比较直观的形象，从而使问题更加具体，这有利于扩大学生的想象空间，活跃课堂气氛，使学生积极利用自己的想象能力去解决问题，这对学生的理解与学习具有积极影响。比如，在做应用题时，题中分别给出两家花店的玫瑰花价格与不同的优惠规则，问哪一家性价比比较高的时候，就可以建设一个情境，你和你的妈妈去花店给姥姥买花，第一家花店的玫瑰花 8 元一枝，现在降价 7 元一枝，第二家花店的玫瑰花 20 元一枝，买一枝送两枝，现在你想买两枝，你会选择在哪一家花店买呢？这种对问题建造了一个生动的情境，会提高学生的答题兴趣，提高学生的学习积极性，使学生感受到数学的实际应用价值。

（三）引导学生逐渐领会数形结合的解题思想

数学中最为根本的研究对象就是数与形，这也是数学中最为基础的内容。掌握并熟练运用数形结合思想，在解决难度较大的问题时具有非常重要的作用。但是想要把数形结合的思想彻底地理解与掌握并不是一件容易的事，教师应积极引导学生，使学生一步一步地学习数形结合的解题思想，把它融入自己的头脑之中，通过自己的努力学习对数形结合进行充足的认识，从而能够灵活运用。学习数形结合的思想需要学生自己在面对有关数形的问题时，把图形转化为数或者把数转化为图形，通过不断地训练，不断地使用这种方法，逐渐掌握数形结合的思想。

第三节　学生空间观念的培养

一、空间观念发展阶段的表现

笔者以刘晓玫提出的关于空间观念水平的划分标准为参照，来界定空间观念不同阶段的表现。即：

"阶段1"：（完全）直观想象阶段。此阶段所要完成的任务特征是基于经验、纯粹的想象，以视觉为主，观察分析的是单一的对象。

"阶段2"：直观想象与简单分析抽象阶段。完成此阶段的任务时，仍以直观想象为主，但除此之外，还需要进行一些简单的分析、抽象，或进行基本的推理，观察分析的对象及想象的过程较之"阶段1"要复杂一些。

"阶段3"：直观想象与复杂分析阶段。在完成此阶段的任务时，在直观想象基础上进行分析、抽象和推理是必须的，观察分析的对象也更为复杂（即经历较为复杂的心理表象形成和心理操作过程），在大脑中要经历较为复杂的加工组织过程。

综上所述可知，三个阶段呈现层层递进的趋势，思维活动由简单、直观想象向复杂、抽象发展，观察对象也由单一向多个变化，整个过程循序渐进且衔接得当，适应学生身心发展的规律。

二、小学生空间观念形成过程的特征

培养小学生空间观念时，除了要以教材分析知识以及学生现在已有的空间观念为依据，还需要对学生空间观念发展过程中的变化进行充分的理解，从而制定出更高水平的培养策略。在查阅、整理国内外有关学生空间观念形成过程的特征的论文、书籍后，总结出以下四个明显的特征。

（一）倾向依赖直观想象与经验来思考或描述性质和概念

袁樱认为，因为学生以实际接触的事物为参考依据，所以他们对于几何图形的理解比较容易，但是他们对于比较抽象的图形的理解是存在一定困难的。这一观点在实际教学中也有所体现，如在学习图形周长这一部分时，可以通过实际的操作去进行测量，帮助学生理解，与面积这种不太容易测量的概念相比较，学生更容易理解周长的概念。同理，与圆的基础知识相比较，因为长方形比较直观，所以学生对于长方形基础知识的理解难度比较低。我们从这些现实例子可以知道，在教学中，积极引导学生动手，亲身接触、感受，这对于学生学习数学概念具有重要意义。

（二）更易捕捉图形中直观性较强的元素

袁樱认为，不管学生通过观察还是操作，在对图形进行感知时，容易忽略图形那些不明显的属性特点，而注意到具有较强直观性的特点。例如，在学习三角形的过程中，学生对三角形进行观察时，最先看到的是其基本的特点，即三角形稳定性的特点与三条边的长短。学生在对三角形的类型进行划分时，因为三角形边的特点比角的特点更加直观，所以更容易以三角形边的长短为依据进行分类，而在以三角形角的大小为依据进行分类是比较难得出的。

（三）图形的识别倾向依赖常见形式

杨庆余认为，学生在认识几何图形的过程中，经常依赖其对于现实世界的映像。例如，在对几何图形进行学习时，学生经常会把菱形与正方形相混淆，分辨不出它们之间存在的区别。因为学生依赖生活中常见形式去认识图形，所以在寻找三角形的高时，基于对正方形、长方形的高的学习，学生会比较容易找到直角三角形与锐角三角形的高，但是在寻找钝角三角形的高时就会遇到困难。

学生依赖常见形式可以非常容易地对比较简单的观察对象，从而进行认识与掌握，但是站在另一个角度上，这种方式却在学生认识比较复杂的对象性质时成为阻碍，对学生空间观念的长远发展具有消极影响。所以，在教学过程中，教师要灵活地选择观察的素材，多样化地对要素进行概括、归纳，这样才有利于学生的长远发展。

（四）空间观念的形成是一个螺旋上升的过程

林丽认为，空间观念的形成与学生空间思维发展的阶段性存在联系，是一个逐渐发展的过程，几何与图形的教学要以学生的认知发展规律为基础。[①]例如，学生在学习观察物体时，起初只会站在一个角度上进行观察；一年级时学生会开始站在不同的角度上去观察，认识到不同的角度观察的结果不同；三年级时学生开始学习站在不同的角度上去观察垒积木块的形状，并可以画出不同角度观察到的平面图形，这是一个从形象到抽象的学习过程；五年级时学生掌握了平面图形与立体图形之间的转化。这一个学习过程就是螺旋向上的空间观念的形成过程。

三、小学生数学空间观念培养的策略

（一）在自主探索中培养学生的空间观念

学生只通过练习与被动听课的方式是很难形成空间观念的。空间观念的培养需要在实践活动中进行，学生要有充足的实践活动进行测量与观察，自己动手操作，对周围实物与环境进行直接的感知，与大家一起动手，积极合作，交流沟通。比如，在对称轴的学习中，教师可以组织开展"剪一剪"的活动，发给学生衣服的一半轮廓，让学生发挥想象力去猜想另一半的图案，然后把这个物体的整个图形裁剪下来，学生要亲自动手，积极探索。有的学生把纸

---

① 林丽.小学生空间观念的调查研究——以"图形变换"部分为例 [D].长春：东北师范大学，2013.

对折，在沿着衣服轮廓去裁剪，打开之后就是衣服的完整图形；有的学生仔仔细细地把另一半画出来并沿着轮廓剪裁下来，但是总觉得是四不像。同学们之间相互分享自己的想法，通过交流与实际操作让学生掌握对称图像的基本特征，即对折之后完全重合，折痕就是对称轴。通过实际活动，学生自己探索，获得知识，这对学生空间观念的培养具有积极的意义。

（二）观察比较，培养小学生的空间观念

在观察力的培养过程中，学生需要对事物的表面现象进行观察，还需要通过现象去找到事物的本质特征。要引导学生找到正确看待问题的角度，要使其掌握比较、分析等方法。在几何知识的教学过程中，要引导学生有重点、有顺序、有目的地去细致、反复地进行观察，通过比较发现事物之间的不同特征一步一步形成空间观念。比如，在学习观察物体的过程中，两名同学在不同的位置使用相机对另一名同学进行拍照，之后让学生仔细观察这些照片，学生一定可以发现这些照片的不同，通过比较的方法对这些照片的拍摄位置进行判断，之后以四个同学为一组，以恐龙玩具为观察对象，先本位观察，再换位置进行观察，最后全面观察，并在小组里分享自己不同角度观察到的恐龙形象。通过探索与比较，使学生认识到在不同的角度对同一事物进行观察，所获得的结果存在一定的差异。最后，让学生直接观看同一事物、不同视角下的图片，谈一谈自己的看法。这种学习过程，由实物到照片，既直观又形象，由浅及深，符合儿童的认知发展规律，学生通过教师的引导完成这些比较简单的实验、观察与比较，对实物和平行图像之间转换关系进行深入地了解与认识，在实际的体会与感受中促进空间观念的形成，这样学生在三维与二维之间的转换就比较自如、灵活，逐步建立空间的观念。

（三）强化教学内容的生活化，培养学生的空间观念

小学生喜欢对周围的事物进行观察与探索，具有极强的好奇心。但是，在传统的教学过程中，教师忽略了引导学生接触实际生活，过于强调对于课本知识的学习。教师在数学的教学中应该以学生的实际生活为学习起点，引导学生积极去发现现实世界中的图形与其特点，利用实际的事物，提高学生解决实际生活问题的积极性。

为了加强学生对于图形的认识，在学生已经掌握了平行、对称、旋转等

知识之后，教师可以让学生观察现实世界中的旋转与平移情境。学生说，大风车是中心旋转着的，电梯是上下平移的，家里的橱柜是左右对称的。然后教师可以提一些问题去帮助学生对概念进行深层理解。比如，镜子里的人像是对称的吗？在升国旗时，国旗是平移运动的吗？正在运行的风扇是旋转的吗？从实际出发，激发学生的学习兴趣，使学生对于图形具有一个比较清晰的理解与认识。最后，教师可以让学生自己动手设计一个图形转换形式，如图形变换的舞蹈排练，思考如何才可以实现平移，什么动作时旋转。通过这种活动引领学生亲自体验，促进学生形成优秀的空间观念。

第四节　学生计算能力的培养

一、培养小学生计算能力的重要性

（一）是今后生活、学习、参加社会主义建设所必需的技能

人们在改造自然、征服宇宙、从事生产科技和日常生活中，都需要进行各种计算。大家都知道，人们每天的衣食住行离不开计算，每天从事的生产劳动以及各项工作离不开计算，小学所具有的整数、小数、分数四则运算的能力更是学习数学所必需的基本功。中学阶段要求的各种运算，如数的运算、式的恒等变换、方程和不等式的同解变形、初等函数的运算和求值、各种几何量的测量与计算、数列和函数极限以及微分、积分、概率统计的初步计算等，归根结底都离不开数值计算。为此，切实提高小学生的计算能力，是为日后的学习、工作、生活作铺垫，也是每一个社会主义公民所必需的素养。

（二）有利于学生对数学知识的巩固和掌握

学生学习数学的基础知识与培养计算能力是相辅相成的，不少教学法专家通过实验证明，在小学阶段"算术概念的形成与掌握运算方法是有机地联

系起来的"。譬如，刚入学学习计数时，就可以学习加减法，按照自然数序顺着数就是加，倒着数就是减，从另一个角度看，一边学加减法，一边进一步理解了数的概念。到了中高年级学习了运算定律，一方面可以利用它使计算简便，另一方面在简算过程中又巩固了运算定律的认识。许多有经验的高年级数学老师深有体会地谈到，概念的认识有一个反复的过程，从初步理解到运用，运用后再加深理解。这里所谈的"运用"很多情况下指的是"计算"。例如，学习了异分母分数的加减法，知道必须统一分数单位才能计算，促使学生对分数的基本性质有了更深一层的理解；同样，学了小数的乘法和除法，对"小数点移动引起小数值的变化"这一规律必然会有更深刻的体会。

（三）有利于发展学生精细的观察力以及思维的逻辑性、敏捷性、灵活性和创造性

小学生不仅要算得对，还要算得快，算得巧。计算每一道题目时，并不都是只要学生按照法则按部就班地会计算出结果就行了，而是要求他们学会观察数据的特点，运用定律性质，采用简捷合理的方法，使之计算简便。明确地说，能一步解决的，就不走两步。例如，某二年级的数学教学中，当学生看到 19×3，19×4，19×5 这一组题目，在没有教师提示的情况下，学生自己提出了不同的解题思路，思维相当灵活。

（1）$19 \times 3 = (10+9) \times 3 = 57$

$19 \times 4 = 57+19 = 76$（利用前一题的得数）

$19 \times 5 = 76+19 = 95$（同上）

（2）$19 \times 3 = (20 - 1) \times 3 = 57$

$19 \times 4 = (20 - 1) \times 4 = 76$

$19 \times 5 = (20 - 1) \times 5 = 95$

到了中高年级学习四则混合运算时，更要培养学生细心审题的习惯，看一看先算什么，再算什么，化成小数还是分数算，有没有利用 0 和 1 的性质计算的地方，能否利用定律简算。请看下面的题目：

$146 \div 2+292 \div 4+146 \times 99$

$= 73+73+146 \times 99$

$= 146+146 \times 99$

$$= 146 \times （1+99）（利用乘法分配律）$$

$$= 14600$$

该题利用乘法分配律就能化繁为简，直接求得结果，如果一味地从头做起，很容易出现错误。

二、小学生计算产生错误的原因

（一）知识方面的原因

1. 概念不清、算理不明

任何数的计算总是和相应的数概念密切联系的，数的计算是以运算定律、运算性质、运算法则为根据的，如果对这一切茫然无知，那么必然错误百出。我们先分析以下几个错例。

（1）$\frac{1}{2} + \frac{1}{3} = \frac{2}{5}$

把分子与分子相加，分母与分母相加，分数概念完全没有掌握。

（2）$2 \times \frac{2}{3} = \frac{4}{6} = \frac{2}{3}$

分子分母都乘 2，结果不变。对分数的意义、分数的基本性质缺乏理解。

（3）$9\frac{1}{5} \times 3 = 9 \times 3 + \frac{1}{5} = 27\frac{1}{5}$

乘法分配律没有真正掌握。

2. 口算不熟

20 以内的加减，100 以内的乘除口算是进行多位数四则运算的基础，也是分数四则运算和小数四则运算的基础，基础不牢，口算不熟，必然漏洞百出。可以看到一道三位数乘三位数的乘法 684×735 中共要进行九次乘法口算，十一次加法口算，其中只要有一步出错，就会前功尽弃。

（二）心理方面的原因

1. 感知较为笼统

小学生的感知一般说来比较粗糙、笼统、不够精细，尤其是低年级更为突出。例如，初上学时，往往把 9 当作 6，学习两位数加减法时，把 27 抄成 72，46 看成 64。笔者曾对某市七个班级进行期中考试（一年级第二学期），他们各类题目成绩都很好，唯有 18+8 □ 8+81 这道题，245 名学生中有 35 名填成 "="，错误率达 14%，而且其中一个年龄较小的班错题者有 12 名，占全班人数的 1/3；当教师指出这题有错时，有些学生还找不到 18 换成了 81，这种 "视而不见" 的现象越是低年级学生越为明显。

小学生的视知觉是有选择性的，会更快注意到一些新奇的、有兴趣的强成分而忽略周围的弱成分。例如：

$0.2 + 0.8 \div 0.2 + 0.8$

$= 1 \div 1$　（"凑整" 成了强成分，忽略了运算法则）

$= 1$

2.注意力范围较狭隘，注意力分配、转移能力较差

小学生的注意力范围不广，对其注意力进行分配存在一定难度，要求他们在同一时间注意两个或者两个以上的对象时，他们很容易产生丢三落四的问题。比如，学生开始学习笔算除法时，有乘又有减，试商之后就忘记检查余数；刚开始学习小数加减法，只记得计算而忽略了小数点；多位数除法之中，除数与被除数有余数末尾又带 0 的，难点集中在一起，就会出现把被除数与除数消 0 之后忘记在余数上加 0 的问题。

小学生注意的转移能力也比较弱。比如，在一组除法练习题中间加上两道减法；在连续作出几道乘法题之后，再加上一道加法。大部分学生的注意力不能很快地转移过去并适应新的变化，会依然按照原来的方法去做题，这就容易导致错误的出现。

3.易受思维定式的干扰

定势是一定心理活动所形成的准备状态，这种准备状态可以决定同类后继活动的某种趋势。定势有积极与消极两方面的作用，不良的思维定式，按照固定的思维模式去解决新问题，影响新知识的学习，在计算方面，则表现为原有的运算法则干扰新的运算法则和方法的掌握。例如，初学带分数减法时，分数部分不够减，要从整数部分借 "1"，有些学生受了整数减法运算法则的干扰，部分题目中被减数的分母是几，一律借 "1" 当 "10"，从而导致计算错误。

三、小学生数学计算能力的培养策略

（一）注重培养良好的学习习惯

第一，培养学生形成自己动手做题的好习惯。一方面，新课标强调了口算和估算的重要性，并倡导使用多种算法去做题。一些老师就对其错误的进行理解，认为既然强调了估算与口算，就不需要学生亲自动手，弱化了学生动手解题的能力。有的学生甚至都没有一个演草本，教师在让学生进行计算的时候，有的学生甚至只在桌子上随便画一画，再加上所谓的估算与口算就给出了自己的答案。估算与口算确实对于计算有很大的帮助，但并不能作为计算的全部，学生只有自己一步一步地去计算，体会计算的过程，才可以真正掌握、巩固算理，在做题时才可以得心应手。另一方面，现在的人们热衷于追求速度，一些家长认为可以用计算器解决的事情，为什么还需要自己进行计算？所以，一些学生带着计算器上学，用计算器去答题。存在即合理，计算器确实存在优势与便利，可以帮助我们快速解决问题，是一个非常好用的工具。教师可以在学生学习、掌握四则运算方法并且有了一定的数学技能之后，在计算数额比较大的计算题时，引导学生正确地使用计算器，这有利于提高解题的准确率与解题速度。但是，过分地依赖于计算器会使学生产生懒惰心理，不利于提高学生的计算能力，与课标中的"有价值的数学"这一要求不相符合。所以，要培养学生动笔、动脑的习惯，通过自己计算加强练习，这样才能更好地提升学生的计算能力。

第二，引导学生养成认真仔细的好习惯。不仔细、不认真是学生在计算中出现错误的主要原因。数学本身具有极强的严谨性，它不能容忍学生的小粗心、小马虎，对严谨性的要求水平是非常高的。在数学教学中，教师应要求学生做到仔细、认知、细心。严格要求学生规范书写计算符号、数字，只有这样，才可以引导学生养成认真、仔细的学习习惯，防止出现一些不必要出现的错误。比如，四年级的学生在做三位数乘两位数的练习题时，因为是新讲解的内容，学生在面对新知识时也会更加认真听讲，老师也会反复为学生讲解做题的方法与思路，学生学会了比较难的知识，却总是在比较简单的题中出现错误。由此可见，一些时候，学生不是不会，而是比较大意，做题时马马虎虎，从而降低了准确率与整体的计算水平。

第三，引导学生养成自觉验算的习惯。大部分学生在做完数学题之后，并不会进行验算。在课堂教学中，学生们做完题之后，会举手并大声喊道：老师，我已经完成了，我是第一，我是第二，等等，很少有同学会对自己的计算结果进行验算。但在核对练习题的答案时，总会发现有一些小错误的出现。当日常测验结束后，老师问一些成绩不理想的同学原因时，他们都会做出顿悟状，说这里怎么写错了呀。每次测验结束之后，一些该得到满分的学生却总是99分或者98分，这时学生会感到后悔。由此可见，老师与学生必须加强对验算的重视。

老师要让学生认识到99分与100分之间存在的区别以及验算的重要性，即使题目你会做，但是做错了那就是错了，就错在你不会验算。要对学生给予适度的批评，让学生意识到验算的重要性。在课堂中引导学生进行验算，如在学生举手示意已经做完时，老师要强调速度并不是最重要的，在保证速度的同时还需保证自己的准确率，让同学们积极地进行验算与检查。或者老师带着学生一起进行验算，这样几次之后，学生就可以形成良好的检查习惯，在学生学会验算之后，可以大大提高学生计算的准确率，有利于学生提升自己的计算能力。一个良好的习惯对于学生的计算能力具有积极的作用，但养成一个好习惯不是一天两天就能成功的，教师应在教学过程中引导学生养成良好的习惯，提高学生的学习效率。

（二）创设不同的生活情境，培养学生对计算的兴趣

小学生年龄比较小，在计算的过程中总会遇到各种各样的困难，老师在教学的过程中，需要把计算生活化，设置一些生活中的情境、故事情节，还可以与游戏相联系，使用多媒体进行辅助教学，让学生在他们比较熟悉的环境中去学习知识。比如，在"10的加减法"的巩固学习中，先用课件播放小猫爬上10层台阶回家的图片，让学生认真观看，谈一谈小狗回家需要做一些什么，充分调动学生的想象力，编造出故事情节。然后展示出小猫已经爬上两层台阶的图片。让学生们列出算式：$10-8=2$，也可能是 $10-2=8$。让小猫继续向上爬，以小猫爬到的台阶层数为依据，列出相应的算式。学生在帮助猫咪回家的过程中去学习计算，让学生真正融入学习的氛围中，轻松快乐地学习，提高算数的正确率。

（三）重视估算

1. 优化数学策略，强化估算意识

学生具备估算意识是培养学生估算能力的基础。若想提高学生的估算意识，应使学生在现实情境下转变估算态度，对估算价值有正确的认识。老师应经常创设运用估算来解决具体问题，使学生逐步感受运用估算解决问题的亲身体验，使学生的估算能力得到提高。同时老师应当依据本班学生的实际情况，创设符合本班学生的实际问题，增进学生和数学知识的距离，激发他们自觉主动探寻数学的兴趣，感悟估算和生活的联系，体会用估算解决问题的便捷性。

例：一套书分上、下两册，上册 152 页，下册 150 页，小红每天看 38 页，一个星期（7 天）能看完这套书吗？

解决"能不能""够不够"等问题时，最优的方法是运用估算。本题求解"小红一个星期是否能看完这套书？"，运用估算求出的结果如图所示（如图 6-2 所示）：

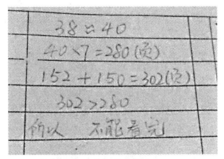

图 6-2　估算示例结果

2. 强化估算训练，培养估算习惯

《义务教育课程方案和课程标准（2022 年版）》明确指出要加强估算领域的培养。估算是一种特殊的计算方法，是学生应当具备的基本能力之一，不论是在学习还是生活中，都需要应用估算，所以培养学生良好的估算习惯十分重要。因此，教师在日常教学中，可提倡学生在解决计算问题时，多应用估算的方法，借以大致判断结果的正确性。教师在日常教学中要培养学生养成良好的估算习惯，在每一节课时中渗透估算，让学生感受到估算带来

的便捷，从而激发他们学习并应用估算的兴趣，使学生快速形成良好的估算习惯。

（1）培养学生的估算兴趣。

兴趣是最好的老师，是打开知识大门的金钥匙。当在学生具备学习兴趣时，加上教师适当引导，学生学习的热情大大提高。在教学中，教师需要经常性渗透估算的思想，精心设计数学问题，引发学生的数学思考，适时引导学生应用估算的方法。例如，在教升与毫升时，先出示课前预热题：在下列括号中填升或毫升。

①一杯水大约 200（　　　）。

②一瓶牛奶大约 250（　　　）。

③一桶油大约 5（　　　）。

有的学生填一杯水大约 200 毫升，200 毫升有多少，让学生估量后，学生哈哈大笑，顿时学生的学习兴趣高涨，在这愉悦的氛围下完成《升和毫升》的教学。

（2）在结合计算中运用估算。

检验计算结果的正确性、合理性时常采取估算的方法。

应用一：学生在练习时有时会出现，四年一班人数是 48.5 人；小明的身高是 2 米 40 厘米；一列火车每小时行 10 千米；等等。很显然，这些结果与实际生活相背离，出现了计算过程或者思维方式的错误，此时作为教师应当引导学生用估算的方法重新检验运算过程或者解题方法。

应用二：运用所学计算知识的法则、规律、方法等估算结果的合理性。在计算以下试题后，你能快速判断估计它们的结果是否正确吗？① 56 - 28=84 错误（将减号看成加号计算）；② 356 + 249=505 错误（356 + 200=556，则 356 + 249 结果一定大于 556）。估算要求学生善于发现、掌握常用规律，且能应用它们认真审查计算结果。

应用三：估计以下计算的商是否正确，756÷3=25（首位够除，可以肯定商为三位数，而此题得数为两位数，可以肯定本题的商错误）、321÷3=17（错误，理由同上），应用估算使学生进一步理解并牢牢掌握知识规律。

当然，良好估算习惯的培养绝非一朝一夕就能形成，而是一个长期过程，因此要求教师在平时的教学中，多创设一些让学生应用估算的机会。长此以往，便能使学生养成良好的估算习惯。

（四）培养学生"计算前会审题"的习惯

保障运算正确的一个重要环节就是审题，老师要积极地对学生的审题能力进行训练，使学生正确地运用运算的法则与方法，引导学生形成严谨、认真的学习习惯，提升解题的质量与速度。因此，老师应该在日常教学中引导学生养成仔细阅读题目的习惯。审题应该注意的程序有：

1.认真并反复阅读题目

一般情况下，仔细阅读题目就是审题的关键所在，当学生看到一个题目时，第一步就需要对题目以及附加的图片进行仔细、反复地阅读，了解题目中的问题和条件。试题中的很多已知条件是直接展示出来的，但是也存在一些不那么明显的条件，需要学生仔细分析出来，如果学生没有找到这些隐藏的条件，对接下来的解题会产生非常不利的影响。所以，审题时不仅需要注意明显的条件，还应该在审题的基础上，发散自己的思维，利用已知条件对隐藏的条件进行挖掘，并认真分析这些条件之间的关系。在做计算题时，需要认真看清楚题目中的每一个数字与运算符号。

2.观察并分析题目的特征

审题时要一边看，一边写，一边进行分析，大脑与手要保持同步，使用打草稿的方法去分析题目。比如，把比较烦琐的题目转变为比较直观的线段或者图示信息，指明解题方向，形成初步的解题思路，选择最简单、最有效的方式进行解题。

对运算特点与数字特点进行仔细的观察与分析就是求解计算题的前提要求，联系运算的定理、性质与法则，树立简便计算的意识，分析能否简单地进行计算，选出最合适的方法。对于一些不能简算的计算题可以使用一些分合、替代的方法。

3.明确解题顺序

学生应在心里对计算的先后步骤有初步的判断，确定可以使用的笔算、口算的部分，当学生完成审题步骤之后，就可以在作业本、试卷上进行下一步的解题。

（五）培养学生"计算后会验算"的习惯

1.计算后会验算

养成验算的优秀习惯，这可以保证计算结果的正确性。验算是一种优秀的能力，是学生对自己的思维活动过程进行重新的审视，它有利于学生形成负责、仔细的学习态度。

有些学生不重视验算，觉得验算可有可无，没有养成一个好的验算习惯，认为算出最后得数就是完成计算了。但是事实并不是这样的，得出结果而不能保证这一结果的正确性，就不是真正地解决问题。在计算的过程中总会出现一些失误，这是非常正常的，因此要求学生需要在计算出结果之后进行认真的验算，检验结果是否正确，与题目是否相符，有利于发现计算中的失误。即使学生的笔算与口算能力比较强，还是需要验算去保证得数的正确性。养成及时验算的优秀计算习惯，有利于提升学生计算过程中的思维监控能力，对学生数学计算能力的发展具有积极作用。

常用的验算方法包含逆运算、还原法、代值法、重新算一遍、估算法等。其中，一种比较有效检验的方法就是逆运算。逆运算使用了逆向思维，有效地找出计算中存在的错误、疏漏，换句话说，就是在大部分情况下运用逆运算可以对计算的结果与过程进行检验，并找出其中的错误。当完成验算过程之后，在保证结果正确无误之后，这道题才算真正的完成，方可进行下一题的计算。

2.计算后会反思

学生主动及时地改正自己的错误，找出自己错误的根本原因，避免以后出现相似的错误。找到一道题的错误原因并改正并不是"改错"的真正含义，改错是需要学生找到犯错误的根本性因素，防止以后出现相同的错误。教师要引导学生积极进行反思与总结，把错题进行收集与整理，记在专门的错题本上，概括出防"错"方法，并经常温习，避免再次出现同类型的错误。

第七章　小学数学教学评价

第一节　数学教学评价的功能和原则

一、数学教学评价的功能

数学教学评价的功能，是指数学教学评价活动本身所具有的能引起评价对象变化的功能，主要会对评价对象发挥其作用。在数学教学过程中，数学教学评价的基本功能，就是采集学生所产生的各种信息，然后客观地评价这部分信息，将评价结果反馈给学生，帮助学生改变学习态度，完善学习方法，提高对学习的兴趣、信心。数学教学评价同时有利于老师完善教学计划、教学方式、课程目标，这样老师就可以根据学生的不同特点，展开个性化教学，从而促进所有学生在数学方面的发展。

不同的时间或阶段所实施的教学评价提供的信息具有不同的功能，据此，可以把教学评价细分成终结性评价、诊断性评价、形成性评价三种形式。通常来讲，终结性评价是在完成一学段、一学期、一学年的学习之后展开的评价，这个评价通常会用来判断这一学段、一学期、一学年的学习成果怎么样，成绩是不是合格，能不能升级、结业、毕业。社会最需要、最重视的是终结性评价，社会要根据这个评价的结果，展开社会控制、社会决策。在某个学段、学期、学年开始之前，会进行诊断性评价，进行这个评价主要是为了清楚学生的基础能力，了解他们的学习态度、基础知识，为之后的学和教提供引导信息。在教学的时候，会使用形成性评价，使用它可以随时了解、考查学生的学习进展及表现，为提高教学提供了十分及时的引导信息。

数学教学评价在小学阶段，不仅利用终结性评价，给教育系统、社会提供了信息，还利用形成性评价，给教育行政部门、老师、家长、教育科研部门、学生提供了过程性信息，完善了教学决策、课程，还提升了学生在数学方面的素养、学习效果。所以，我们把小学阶段，数学教学评价的功能总结为 7 个方面：

（一）数学教学评价具有导向与管理功能

通过数学教学评价的结果及信息的反馈、利用，指导学生向数学教学评价目标而努力。其导向功能主要表现在以下几个方面：

（1）数学教学评价具备的管理、导向功能，主要体现：①让学生养成正确的情感态度和价值观；②重视数学各种知识之间的联系，增强学生处理、提出问题的能力；③重视方法、证明、基本过程；④正确对待学生之间的差异，进行个性化的学习；⑤让学生多进行合作交流、动手实践、自主探索；⑥让学生感受数学知识的应用、形成。

（2）在微观层面，数学教学评价的导向功能主要体现在：①处理完成数学考试和降低学生数学学习压力之间的矛盾；②处理培育小部分优秀数学学生与全部学生之间的矛盾。

（3）在宏观层面，数学教学评价的导向功能主要体现在：①处理只追求升学率、纯粹地展开双基训练和根据《数学课程标准》(接下来会简称为《标准》)，提升学生在数学方面的矛盾；②处理市场经济发展情况和目前数学教学的情况之间存在的矛盾。

（二）数学教学评价具有反馈和调控功能

数学教学评价具有反馈和调控功能，这里提到的调控、反馈功能，就是在数学教学时，教学评价会反馈出相关的信息，根据这些信息教师可以对学和教展开控制、调节。老师能通过评价、反思自己的教学，不断完善教学过程，掌控教学的要求、进度，优化教学方法，并采用各种方式对学生数学学习进行评价、考核，还要对教学过程中出现的差异和问题进行调整，让学生完成既定教学目标。要是反馈不够准确的信息，对数学教学的掌控和《数学课程标准》不相符，那么教学的效果就会变差，也就无法实现教学评价的目标。相反，要是反馈的信息十分准确，对数学教学的掌控和《数学课程标准》相符，教学效果就会很好，也可以很好地实现教学评价的目的。所以，在数学学习评价里，调控、反馈功能十分重要。

（三）数学教学评价具有激励与促进的功能

数学教学评价在反馈、调节的基础上，构建了激励、促进功能。学生要想学好数学，主动性、积极性是十分重要的。教学评价的激励与促进功能，主要是指评价可以增强学生的学习动机，让学生向着预期的目标努力。根据心理学研究结果，我们可以发现，引起人们意志活动的根本原因，就是需要。科学的教学评价，能反映学生的基本需要，可以在很大程度上提高学生学习的主动性、积极性，让学生产生学习数学的动力。与此同时，所有人都想实现自己的价值，都希望体验成功的快乐，特别是学生也想有所成就，就算是很小的成就，也想得到别人，特别是老师的鼓励与认可。在数学教学评价中，要对学生进行价值判断，而这个结果会分出高低，这样就会引导学生按照教学目标不断前进，努力得到优异的评价结果。这样一来竞争机制就出现了，调动、提高学生学习数学的主动性、积极性，让他们养成自主调整自己行为的习惯，达到评价目标的要求。这就是数学教学评价激励与促进功能的作用。

在数学教学评价中，促进、激励功能主要体现在质性评价过程中，而不是以考试为主的量化评价中。由于质性评价能够控制、调节学生的认知矛盾，调节学生的态度、情感，因此，学生在学习数学时，就能产生良好的科学观、价值观。例如，学生在准确答完老师提出的问题后，老师肯定、赞美的话语，会提高学生对数学的兴趣、信心，有利于学生奋发进取。

数学教学评价除了激励与促进的功能外，还有克制、压抑的功能。教学评价是有两面性的，当评价不够准确、公正的时候，这个评价对学生就起不到促进、激励的作用，还会克制、压抑学生对数学的积极性、情绪，这样就会制约学生的发展。在对学生进行数学评价的时候，教师要把教学评价的促进、激励作用发挥出来，避免评价不够公正，对学生造成不良影响。

（四）数学教学评价具有诊断和甄别功能

数学教学评价主要采用判断、检查、比较等评价工具，对学生的信息进行判断、收集、分析、整理，来完成对学生学习效果的甄别、诊断。

数学教学评价甄别、诊断的功能主要是用来甄别和诊断学生的学习水平、老师的教学水平的。甄别其实就是诊断学生的学习数学情况，根据诊断结果分析出各个学生在学习数学时出现的差别。它是横向鉴定、比较学生的一种方法。诊断利用不同的方式，对学生的数学学习情况进行测量、检查，收集可用的数据、信息展开综合分析，并诊断其结果所具备的价值，得出科学结论。在考查学生掌握的数学技能、知识的时候，甄别与诊断起着十分重要的作用，它可以帮助老师更加客观、公正地评价学生的数学水平。不过，数学素养，指的不仅是学生的数学成绩，还有学生处理问题的能力、数学思考的水平、情感态度、探索知识时的经历和感受，这都属于数学素养的一部分。因此，对数学学习进行评价时需要对学生数学思考的水平、处理问题的能力、情感态度、探索知识时的经历和感受、学生的学习成绩等方面，都进行诊断，才能更加全面地知道学生的数学学习情况。甄别不是诊断的最终目标，诊断是为了对所有学生进行个性化的帮助、教育，让所有学生都可以达到数学教学的目标，只有这样才能将数学教学评价的甄别、诊断功能充分发挥出来。

总而言之，数学教学评价所具备的甄别、诊断功能，是为了补救与改善教师的教学和学生的学习。通过对学生学习的诊断和甄别，及时了解学生在数学学习过程中存在的问题与差异，这样可以方便学生调整学习方法，也便于老师完善教学计划，还有利于学生的全面发展。

（五）数学教学评价具有教学研究功能

数学教学评价具备研究现象的规律，运用、创造、加工数学知识处理问题的功能。根据大量数学教学实践，我们可以发现，教学评价在证明、发现、预测、解释教学中的活动、现象、事实、趋势方面，都有很重要的作用。数学教学新课程评价目标的提出，有利于老师深入分析数学教育理论，掌握《义务教育数学课程标准（2022年版）》的基本思想，努力研发教学方法和课程资源，认真实施数学新课程，使数学教师从经验型变成科研型。

（六）数学教学评价具有教育功能

这项功能，指的是对学生的学习和老师的教学产生的影响，这是一个有利于学生、老师发展的功能。数学教学评价能对学生、老师教育活动的内容、目标、方法、形式，产生积极的影响，协助他们发扬长处，避开短处，努力调整、反思、创新教与学的方法、计划、策略，这样有利于提升他们的思想品德、知识、能力等。

在实践中，数学教学评价的教育功能，主要表现为数学教学评价对促进教师数学教学和学生学习数学及促进两者发展等方面所起的作用。数学教育评价的教育功能可具体分为指导功能和学习功能两种。指导功能是指教学评价对教育者的教育所产生的影响，教学评价无论是对学校领导，还是对教师都是非常重要的。学习功能则指教育评价对受教育者的学习产生影响的能力。

（七）数学教学评价的社会心理功能

这项功能指的是数学教学评价对教育领域社会心理产生影响的功能。教育领域与其他专门行业一样，有其特殊的社会心理现象，如师生交往与人际关系、课堂心理气氛、班风与校风、学习动机与学习习惯等，这些社会心理现象对教育教学和学生的学习、学校管理以及教学研究等学校专业活动有巨大的影响。数学教学是学校教育的重要组成部分，而数学教学的目标、课程内容、课堂教学氛围、师生之间的和谐关系等等，都直接影响教育领域的社会心理。

综上所述，我们了解到，在进行数学教学评价的时候，其功能有着重要作用。它能将情感态度、基本技能、问题解决、数学思考和数学基础知识结合起来，并利用数学教学评价进一步完善数学教学活动，维持教学的均衡性。如果数学教学无法适应时代的需求，那么就能利用数学教学评价来构建、调节数学教学产生新的平衡，数学教学评价其实就是处在"平衡—不平衡—平衡"的循环规律中，不断地促进数学教学的发展与完善。总而言之，科学、恰当地运用数学教学评价所具备的功能，能完善数学教学活动，有效提高学生学习、教师教学的主动性、积极性，还能够提升数学教学的质量、效率，将数学教学的价值充分体现出来。这就是数学教学评价的最终目的。

二、小学数学教学评价的原则

原则是客观规律在人们头脑中的反应，它是指导人们行动的准则。在教学评价过程中，进行评价的人需要遵守的基本原则，就是教学评价原则。这个原则，在数学教学评价中，主要指的是评价者的评价行为、评价语言、评价活动需要遵守的原则。

（一）目的性原则

任何教学评价活动都有目的性，即人们在开展教学评价之前设想或规定的教学评价活动所欲达到的效果或结果，它调节、指导着不同的行为，始终贯穿在人们的实践活动里。数学教学评价其实是种管理方法，在进行评价的时候，要有详细的目的，不可以只为了评价而进行评价。评价的详细目的，会对评价方法、评价标准产生影响。在《义务教育数学课程标准（2022年版）》中提到了："评价的主要目的是全面地了解学生的数学学习历程，激励学生的学习和改进教师的教学。"所以，数学教学评价要与数学教学有机地结合起来，服从于数学教育的总目标，服务于学生的成长与发展。

（二）科学性及全面性原则

数学教学评价一定要有可靠性、可信度，它要以科学为前提，使用科学的方式、依据，结合求真的科学态度，根据客观实际，研究影响评价的各种因素，将定性估断、定量测量有机结合在一起，展开科学分析，得到恰当的评价结论。

在这个原则上，数学教学评价要以《义务教育数学课程标准（2022年版）》为依据，根据已有的数学教学评价目标，展开比较客观的评价。在进行教学评价的时候，不可随便违反、改变评价标准，应该全方位考察所有的学生，接纳各方面的建议，避免从单方面展开比较片面的评价。在评价学生数学方面的学习情况时，不仅要注重发展他们的情感态度，还要重视学生对技能、知识掌握与了解；不仅要注重学生的学习效果，还要注重他们综合素养的发展。我们知道，在数学教学过程中，有诸多因素直接或间接地影响着教学效果，比如，教学内容、教师、学生等。在进行数学教学评价的时候，要把次要因素和主要因素、定性和定量、客观和主观融合在一起，按照学生的真实情况，分阶段（教学环节）、分层次地设定具体、全面的评价标准，其中，不仅要有对学生学习效果的评价，还要有对他们学习过程的评价；不仅要有对学生学习方面的评价，还要有对他们能力技能的评价；不仅要有对学生情感方面的评价，还要有对他们思想道德方面的评价。

（三）教育性原则

学生数学学习的过程评价是新一轮课程改革中的重要内容。数学教学评价是数学教学的构成部分，在整个评价过程中，要一直关注被评价者（学生）的教育价值。教育的目标不是评价，评价只是帮助教育实现教学目标，帮教师找到最合适的教学方式和方法，所以，评价本身也必须体现教育性。无论采用什么方式展开评价，都要促进学生的全方面发展。

在数学教学的所有重要环节中，教育性原则指出，对于所有进行教育的内容，要明确具体目标，用目标的完成度去进行教学。从整体上来看，教育价值应该以不同学生所展现的教育成果为依据，来进行判断，这里主要参考的是，学生们具备的数学能力提升了多少。这需要学生（被评价者）与评价者掌握数学教学过程中产生的变化，明确要改进、纠正什么问题，巩固、坚持什么做法等，这些都是过程性评价需要解决的问题。

（四）实施的可行性原则

数学教学评价是一个操作性、实践性很强的教学手段，它的价值在于可实施、可操作，并可以被数学学生、教师、教育者所接纳。

可行性原则指出，数学教育评价的标准、内容都要详细、具体；要有科学的评价指标，确保被评价的内容具备可测量性；要将评价流程变得更加精简，确保所有的教师都可以运用。对数学教学评价的实施，必须遵循它的可行性。因为每个地区、每个学校的数学教学方法都有所不同，所以，数学教学评价要因地适宜，要根据每个地区、每个学校的不同情况，制订出符合不同学校的评价方案、内容、方法、指标等，让数学教学评价在每个学校都可以顺利实行。要根据不同地区的数学教学真实水平，构建评价指标机制。如果评价标准制定得太低，就无法体现评价的激励作用；如果评价标准制定得太高，大多数学生经过努力也达不到，会使学生失去学习数学的信心和兴趣。评价的方式应该简单一些，要方便教师和学校领导进行运用、理解、掌握。

（五）定性分析与定量分析相结合原则

数学教学活动是一个教与学的复杂过程，影响教学质量的因素很多，有些是定性指标，有些是定量指标。因此，数学教学评价要坚持定性分析和定量分析的有机结合，这样可以提升评价结果的可信程度。

定性分析和评价往往是基于对事物的观察或经验做出的，虽然这种评价不免带有主观成分或具有某些片面性，但是，我们不能因此否定自然观察的经验归纳，但只以经验为基础作定性分析的评价是不科学的。因此定量的统计分析方法就显露出它的科学性，通过统计分析可以从定量的角度全面、集中地对经验作科学分析。但我们同样也不能过分迷信数据处理的统计分析，因为数学教学过程和评价过程是复杂的动态过程，统计数据虽然可以反映这一过程各个方面的一些情况，但由于系统误差和随机误差的影响，定量的分析也不是绝对可靠的。因此，在教学过程中，如果把定性分析与定量分析结合起来，互相参照，互为补充，将会大大减少评价的片面性和局限性，增强数学教学评价的可靠性和公平性。

（六）反馈与调节原则

数学教学评价实际是把数学教学效果和数学教学目标做比较而得出的判断，但这种判断并不是目的，而是一种手段。在数学教学过程中，不断进行比较和判断，并把获得的结论不断地反馈于数学教学过程之中，以调节和改进数学教学。数学教学评价中的反馈与调节可在"设定教学目标—设计教学计划—进行教学实践—开展教学评价—修正教学目标和方法"这样的一个系统中进行。

（七）自评和他评相结合原则

提高学生的数学能力，是数学教学评价的主要目标。所以，教师可以让学生掌握数学教学评价的原则、方法、标准，这样他们就能在学习数学的时候展开自我评价了，这样还可以不断地改进师生的教与学，有利于提高教与学的质量。在自评的同时重视他评，可有针对性地对某一方面的教学问题进行专门评价，也可请教师同学、家长、学校等评价主体展开相互评价，这样就可以找到学生在学习时的优势与劣势，提升学生在数学方面的素养。

第二节　数学教学评价理念

一、发展性评价的基本理念

（一）《国家基础教育课程改革纲要（试行）》所倡导的发展性评价理念

在《国家基础教育课程改革纲要（试行）》（以下简称《纲要》）中提到了："建立促进学生全面发展的评价体系。评价不仅要关注学生的学业成绩，而且要发现和发展学生多方面的潜能，了解学生发展的需求，帮助学生认识自我，建立信心。发挥评价的教育功能，促进学生在原有水平上的发展。"

发展性评价是以新的课程改革理念和学习观为基础，构建一个能更真实科学地反映学生发展，激励学生上进的评价体系。发展性评价强调评价的多元性，鼓励在评价方法和手段上，结合本地和本校的实际和学科特点创新，因此，为评价的实施提供了更大的空间，具有较大的灵活性，同时也给学校和教师留有很大的余地。构建新的发展性评价体系，最重要的是教育管理工作者、教师、家长和社会要充分认识并且接受新的评价理念。教育管理工作者在实际工作中，应切实树立新的评价观，要尽量做到在管理上给予政策上的保障，并对学校和教师的评价改革给予充足的支持。开展评价的主体是学科教师、学校，教师需要将评价理念进行创新，积极投身评价改革中，在已有的基础上，根据新的评价理念和学科特点，创造性地工作，使发展性评价的思想和新的理念有更大的飞跃。

发展性评价还必须取得全社会的认同，特别是学生家长的支持，让学生家长参与到评价中来，让社会各界参与到评价中来，取得社会各界的支持。社会参与评价，评价服务于社会，这是发展性评价的一大特点。

发展性评价是对学生的学习及表现情况的全面考察与信息反馈，以发现学生在学习过程中出现的问题，及时提示、指导和帮助，并做出相应的价值判断和衡量的过程。发展性评价体现了新课程"以学生发展为本"的理念，更注重学生道德情感、审美、个性特长、态度、价值观等方面的全面协调发展，其根本目的是促进学生不断发展，它本质上是一种自我参照评价，即把评价结果与学生自己以前的水平或表现进行比较，从而发现学生自己的进步与不足，以便及时地有针对性地进行调整，从而促进学生的学习与发展。这样的评价，可以让学生在学习的过程中，感受到成功的愉悦、学习的乐趣，从而增强学生的学习动机和兴趣，真正有利于学生的全面发展。

（二）《义务教育数学课程标准（2022 年版）》所倡导的发展性评价理念

（1）不仅要将评价的选拔、甄别功能体现出来，还要将评价的发展、激励功能发挥出来。

（2）不仅要注重学生的互相评价、他们的自评，还要注重老师对学生的评价。

（3）不仅要注重对定性的分析，还要注重对于定量的认识。

（4）不仅要注重发挥他们在学习中的主观能动性，还要注重甄别学生的学习水平。

（5）不仅要注重他们价值观、情感、态度的改变，还要注重学生能力的提升和对技能、知识的掌握。

（6）不仅要注重他们在学习过程中的发展、变化，还要注重学生数学学习的效果。

二、新课程所倡导的评价理念

《义务教育数学课程标准（2022 年版）》在评价的基本理念中提到了，"评价的主要目的是全面了解学生的数学学习历程，激励学生的学习和改进教师的教学；应建立评价目标多元、评价方法多样的评价体系。对数学学习的评价要关注学生学习的结果，更要关注他们学习的过程；要关注学生数学学习的水平，更要关注他们在数学活动中所表现出来的情感与态度，帮助学生认识自我，建立信心"。这是数学新课程评价的总体目标。对于这个评价理念我们可以从几个方面理解：

（一）注重对学生数学学习过程的评价

按照《义务教育数学课程标准（2022 年版）》中的要求，我们了解到，在对学生进行数学学习评价的时候，不仅要注重他们在学习过程中的发展、变化，还要注重学生数学学习的效果；不仅要注重他们价值观、情感、态度的改变，还要注重学生能力的提升和对技能、知识的掌握情况。数学教学评价，应该重视学生在数学方面的发展，重视学生之前和现在的比较，支持纵向比较，弱化横向比较，利用这种评价，让学生感受到自身数学能力的提升。在小学数学教学阶段，教师不仅要对学生参加数学活动的自信心、解决和提出数学问题的能力、独立思考的习惯、数学思考的发展水平、合作交流的意识、程度等进行评价，同时也要评价学生成长记录袋的内容是否能较全面地记录学生数学发展的进程。

（二）评价内容的多维度

在《义务教育数学课程标准（2022 年版）》中，数学课程的整体目标得到了明确。该标准对小学生要具备的数学素养，做出了数学思考、技能与知识、提出和解决问题、态度和情感四个方面的要求。

《义务教育数学课程标准（2022 年版）》在第一学段的评价建议中提出："恰当评价学生基础知识和基本技能的理解和掌握"和"重视对学生发现问题、解决问题的评价"。对基础知识与基本技能方面的评价，《义务教育数学课程标准（2022 年版）》具体写出了综合运用和实践、概率和统计、图形和空间、代数和数四个方面的评价重点。对于重视对学生发现问题、解决问题的评价，《义务教育数学课程标准（2022 年版）》也具体列出评价的主要内容：

（1）在生活中，可不可以在教师的帮助下提出、找到一些比较简单的数学问题。

（2）愿不愿意和伙伴一起解决问题。

（3）在面对问题的时候，可不可以选用恰当的方法去解决。

（4）在解决完问题之后，可不可以养成反思的习惯。

（5）可不可以把解决问题的结果与大概过程表述出来。

在第二学段的评价建议中提出："恰当评价学生的基础知识和基本技能"

和"重视评价学生发现问题、解决问题的能力"。并且《义务教育数学课程标准（2022年版）》也具体写出了综合运用和实践、概率和统计、图形和空间、代数和数四个方面的评价重点。重视评价学生发现问题、解决问题的能力的评价，《义务教育数学课程标准（2022年版）》也具体列出评价的主要内容：

（1）在平时的生活中，可不可以提出、发现数学问题。

（2）可不可以和其他人一起合作解决问题。

（3）可不可以找到解决问题的有效办法，并尝试发现其他办法。

（4）有没有分析、反思解决问题过程的观念。

（5）可不可以把解决问题的过程表述出来，并试图讲解结果。

所以，数学教学评价应该根据这5个整体目标来进行，这样就可以构成立体式、多维度的评价体系。

（三）评价的结果要定量与定性相结合

《义务教育数学课程标准（2022年版）》在第一学段明确指出："针对本学段学生的特点，评价结果的呈现应采用定性描述的方式，用鼓励性的语言描述学生数学学习的情况。"在第二学段明确指出："在呈现评价结果时，应采用定性与定量相结合，以定性描述为主的方式。定量评价可采用等级制的方式。定性描述可以采用评语的形式，更多地关注学生已经掌握了什么，获得了哪些进步，具备了什么能力，使评价结果有利于树立学生学习数学的自信心，提高学生学习数学的兴趣，促进学生的发展。"

在数学新课程的教学实践中，我们应当将量化评价与质性评价相结合，将二者分别应用于不同的评价指标和评价范畴。改变将书面测验成绩作为唯一或主要的评价结果的现象，建立量性评价和质性评价相结合，从多方面呈现评价结果的数学教学评价体系。

纵观基础教育课程改革的发展历程，课程评价的理念在不断深化，课程评价的内容在不断丰富，课程评价的方法在不断更新。作为数学课程的具体实施者和评价者，广大数学教师有必要进一步更新教育评价观念，了解数学课程的评价观念，把握一些基本的数学课程评价方式，掌握数学课程评价的发展方向和价值取向，将数学教育评价理论真正运用到数学课程的实施过程中，结合数学教学的特点，积极推进基础教育课程改革的深入发展。

第三节 小学数学课堂教学多元评价

一、多元评价

多元评价的基本价值取向和关键目标，是推动学生创新素质的发展。多元评价伴随着创新教育研究、实验的发展而不断发展，它具有创新、继承的特点。每一位学生都是一个独特的个体，每一位学生都有自己的学习特点，当然，他们的学习特点是各不相同的。在学习数学的时候，他们都会用自己多样化、特殊的方法，掌握、获取知识。因为每位数学老师的知识积累、经验水平都不相同，所以他们在教学过程中，使用的教学方法也是十分多样化的。数学评价就是要认识所有学生，在学习数学的时候，遇到了什么困难、学得怎么样、收获到了什么。只有了解了这些，才能完善老师的教学方式，提高学生对数学的兴趣，让学生产生正确的学习方式，从而提升他们的自尊心、自信心。所以，老师要根据学生的独特性、教学目标，建立起以学生为中心的多元评价体系，这样有利于学生数学核心素养的提升、发展。目前，学生评价在方法、内容、标准、原则、价值取向等理论基础上，都展现出多元化的发展趋势。

多元评价要以学生为中心，满足学生全方面发展的需要，不仅要注重学生的知识、技能，还应该注重学生团队交流、情感态度、问题解决、数学思考等的培养，让评价主体更加多元化，评价目标多维度，从而提高、增强学生各种数学素养。

教学评价在 20 世纪 60 年代就受到了人们的关注。随着小学数学课程的不断创新、改革，小学数学教学形成了多元化的评价方式，它主要倡导多样化的评价形式、多元化的评价主体、全面的评价内容，这种评价方式还融合了多种评价方法，提高了数学教学评价的准确性、有效性。[①] 在这一时期，

---

① 唐娟．小学数学多元评价的教学实践 [J]．数学学习与研究，2016(10):69.

出现了 3 种不同的评价方式，分别是总结性评价、即时性评价、形成性评价。1967 年，斯克里文首先提出了形成性评价与总结性评价。霍尔特在 1981 年提出了 3 种评价类型，即过程性评价、成果性评价、程序性评价。他让数学教学评价变得更加多元化，使其具备研究与导向功能、调节与反馈功能、反思与激励功能。

在小学数学教学结束时，开展的评价就是总结性评价，该评价结果主要用于整体验收教学效果。总结性评价主要是为了检验学生对数学知识的掌握情况和整体的学习情况。然后，教师还需要对学生的整个学习情况展开最终评价，这个评价方式，就是为了检验数学教师的教学是否有效。

数学教师利用各种肢体动作、语言等方法，对学生的技能掌握情况、知识掌握情况、情感、态度等，做出比较直接的评价，这种评价方式就是小学数学即时性评价。该评价结果具备真实、全面的特点，这种评价方式可以促进学生学习数学，还能提升课堂的教学效果。即时性评价在小学数学教学中，是很重要的一种评价类型。小学数学教师应注重提升自己的即时性评价水平，努力给学生创造出一种符合生活实际的教学氛围，并利用即时性评价，提高学生学习的主动性。

在教学过程中进行的评价就是形成性评价，这个评价的结果能帮教师促进、完善、调整教学的发展。形成性评价主要是对数学教学活动中进行的各种学习活动、教学，教师通过多种形式（比如，观察、考试等），来分析学生对数学知识掌握了多少。评价主要为了诊断教学效果，注意要对整个学和教的过程进行评价，要重点指出评价主体与具体的评价氛围间的相互影响。

在数学教学活动中，形成性评价、总结性评价、即时性评价有效、科学地使用，可以让数学课程评价体系变得越来越多元化，它们还促进了数学教学改革的进行。所以，多元评价把激发学生、教师的潜能作为基础，它的最终目的是促进教师、学生创新素质的发展，以实现教育评价的规范化、多样化、多元化。

二、小学数学教学中多元评价观的构建

（一）把握评价内容，涵盖三维目标

课堂教学的关键就是教学目标，教学目标有调控、统率、导向的作用。

教学目标被数学课程标准细分为价值观和情感态度、技能和知识、方法和过程。这里提到的"方法和过程"又被分成了问题解决与数学思考，这里将这四方面的目标称为一个整体。这里面提到的价值观和情感态度、数学思考的发展跟技能和知识学习紧密相关，技能和知识的学习要在促进其他目标的基础上进行。"多一把衡量的尺子，就会多出一批好学生。"简单的好坏、片面的智力发展，已无法体现教学的内涵。在《义务教育数学课程标准（2022年版）》中，提到了数学的整体目标，还对数学思考、技能和知识、态度和情感、解决问题的能力有了详细的要求。所以，要在这4个方面的基础上，构成全面、多维度的评价体系。态度和情感的评价包含对学生自信心、学习态度、学习兴趣、学习习惯、参加学习活动情况等方面的评价；技能和知识包含了概率和统计、代数和数、图形和空间等方面的过程、技能、事实的评价；数学思考包含对合作与交流、实践和创新能力、解决问题的方法、解决与发现问题的能力等的评价。教师在进行课堂评价的时候，要在情、知、行、意等多个方面进行评价。教师要对学生进行多层次、多维度的评价，这样才可以提高学生对数学的兴趣，让学生树立良好的学习态度，并有效提高他们的主动性、创造性、积极性。

1.重视双基

数学知识包含学生具备的"主观性知识"，也就是具有学生认知特点的数学经验，也就是解决数学问题的惯用方式、认知水平、分解图形的思路等；数学知识中还包含"客观性的知识"，也就是那些不受学生、地域影响的数学事实。比如，正方形面积公式、正方形周长公式等。这些数学事实是数学界所公认的，它体现的是大家对数学的认知，其中包含历史性的资料、定义、公式特定的证明、定理等基本的数学事实知识。不管是评价数学技能，还是评价数学知识，这里面最关键的应该是评价学生能否正确分辨某概念的正反例证、能否掌握技能或知识中潜藏的数学意义、对学生的理解能否进行有效评价、能否简述某概念。技能和知识的评价里还包含过程性评价。比如，处理与收集数据、发现问题、进行预测与决策的过程；把真实问题进行抽象，使它变为代数问题的过程；研究图形的大小、形状、变换、位置关系的过程。

2.立足过程

事实上，形成性评价就是立足过程的评价，它是一种侧重于发展的评价。

当学生在发展过程中，出现了问题，教师就可以采用过程性评价，帮助学生解决问题，这样就可以促进学生的不断进步、发展，只有采用这样的方式，才可以促进"价值观和情感态度""技能和知识""方法和过程"的全方位发展。

在新课程的观念下，教师要想对学生的学习过程进行评价，就需要了解学生对学习有没有兴趣、信心、愿不愿意主动参加学习活动、愿不愿意和同学进行合作沟通。形成性评价要应用在整个教学过程中。形成性评价，指的是在学习过程中，对教师的教学、学生的学习进行优化、反思、改进，以提升教学和学习的效率。形成性评价还要求教师在学习结束后，对学生进行一个总结性评价。形成性评价可以帮助教师全面、及时地掌握学生的情况，还能将教师的导向、激励作用充分发挥出来。当教师把反思、评价应用在整个教学过程中时，学生在数学方面就会有更多的情感的鼓舞、方法的指导和过程的感受。

3.注重情感

在数学方面，学生的价值观、情感态度主要体现在可以灵活地探索数学，可以使用各种方法来解决问题；了解数学在文化、社会中的作用；了解数学作为一种语言、工具的价值；遇到不同的观点、不明白的地方，可以勇敢表达出自己的想法；感受数学在生活、其他方面的使用价值；在数学活动中有创造力、积极、勇于探索；有反思、调整自己的意识；养成独立思考的习惯和实事求是的态度；面对比较难的数学问题时不退缩；有信心用数学，展开推理、交流观点、解决问题。评价主要是为了促进学生的全面发展，这个发展不仅包含情感的发展，还包含认知的发展。在评价学生的时候，不仅要对学生的思维、记忆、理解能力等进行评价，还得对他们的态度、情感进行评价，还需要检验学生可不可以主动解决问题、愿不愿意参加教学活动、对学习有没有兴趣与信心等。

4.重视能力

在对学生进行数学能力评价的时候，不仅要对学生的理解能力、数学基础知识、应用能力、表达能力等基本能力进行评价，还要对学生与人合作、解决问题、发现问题、交流、数学表达等能力进行评价。教师无法根据学生数学答案正确与否，去评价、判断一个学生解决问题的能力，并且这种单一的评价方法，没有办法促进学生解决问题能力的发展。教师应该及时监控、反馈学生解决问题的方法，并对提出有效的建议，这样一来，就可以促进学生解决问题能力的发展。

（二）评价主体多元，鼓励超越自我

传统的以教师为主、单一的评价方式，已经无法顺应时代、学生的发展了。为了满足学生发展的需要，教师采用了互动式评价、自我评价、他人评价等多种评价形式。自我评价，让学生变成了评价的主体，提升了学生的积极性、主动性。这是学生进行自我分析、自我反思、自我认识的一种过程。学生要回想自己的学习过程，对自己进行一个恰当的评价，注意不可以让学生用分数、简短的评语来进行评价，学生应该对学习过程中的各个方面进行反思，并做出一个总结性的评价。在反思过程中，学生要清楚自己的优点和不足，还要想出解决自己不足的办法。而在教学中，教师对学生的评价，有一种引领、指导的作用，为学生知识意义的建设指明了方向。因为学生之间具有平等性，所以学生和学生间的互相评价、交流、协商，也更容易被学生接受、认可。把教师评价、小组评价、自我评价融合在一起，会让评价变得更加合理、科学、客观。评价主体的多样性，能提高学生评价的主动性，可以让他们正确了解自己，并更好地提升自己。

1.教师评价学生

学生在各种评价中，最重视的就是教师的评价。教师否定、反面、消极的评价，会抑制学生学习的积极性。反之，教师积极、肯定、正面的评价，可以提高学生对学习的主动性、积极性。所以，新课标中明确提到了，教师的评价应该以表扬、鼓励为主，教师要用肯定性的语言，尽量从正面去引导学生。下面介绍了两种用语言激励学生的方法。

（1）用诙谐的语言激励学生。"教育最主要的也是第一位助手，就是幽默。"这是教育家斯维特洛夫曾说过的一句话。的确，幽默能够充分调动学生的积极性。教师幽默风趣的评价语言，不仅可以活跃课堂氛围，提升教学效果，还可以让学生体会到教师的赞扬、认识到自身的不足。

（2）用充满激情的语言来激励学生。学生学习的内部动力，就是情感、情绪，它会对学生的主动性产生直接的影响。教师的评价也会直接影响着学生的情感、情绪。所以，教师应该用恰当、赞美、简短的语言对学生进行评价。例如，"你的回答真是与众不同啊，很有创造性，老师很欣赏你这点！"这种具有欣赏、鼓励的评价，提高了学生的积极性、主动性。

2.学生评价学生

学生在评价别人的时候，也能更加了解自己，这是"教师评价"很难达到的效果。所以，在教学过程中，教师应该多让学生进行互相评价，在进行互相评价的时候，要让学生做到公正、公平，不仅要指出其他同学的缺点，还要赞美他们的优点。

在教学过程中，无论使用哪一种评价方法，教师都要关注到所有学生的感受，发现学生的优点，及时给出赞扬。教师还要在教学过程中，充分发挥评价的作用，鼓励学生进行互评、自评，以促进学生的全面发展。

3.学生自我评价

学生对自己学习表现的判定、认识，就是学生的自我评价。这是种非常科学的课堂评价形式，对学生起着十分重要的作用。学生能不能反思自己的学习效果和质量、能不能正确客观地评价自己的学习表现与学习态度、能不能将学习方法进行总结，会对学生之后的数学学习产生直接影响。在教学过程中，教师应该鼓励学生主动展开对自己的评价。比如，教师在评价完一个课堂练习之后，让学生对他们自己的练习也进行评价。在课堂要结束的时候，设置一个让学生进行自我评价的情境，让学生对自己整节课的学习情况进行评价，评价的内容主要有能力发展情况、知识掌握情况、情绪情感、学习态度等。

（三）实现评价方法的多元化

传统的评价方法比较单一，主要是利用考试、书面测试，来了解学生的认知水平。目前多元化的评价方式根据学生的个性特点、评价内容，采用活动报告、书面测试、建立学生成长档案、口试、交流汇报、数学日记、争论辩思、课堂观察、作业分析、调查和实验、课后访谈等多样的评价方式，体现出学生的学习情况，而多元化的评价方式也可以完善教师的教学、提高学生的学习兴趣。在对学生进行评价的时候，要选用有效、合适的评价方法，还要重视学生的自身发展。

1.认知评价与情感评价相结合

教师在进行教学评价的时候，要找到学生各方面的优点，尽可能使用激励性的语言，全面、客观、恰当地描述学生的学习情况。教师要及时肯定学生进步的地方，同时教师也要指出学生具备的潜力。教师要提升他们对数学的兴趣，培养学生在数学方面的信心，并促进学生的全面发展。

教师可以使用"差别性评价"，每一个学生在发展的时候，都会具备自己的特点，教师就要依据各个学生的不同情况，进行区别对待。对有潜力的学生，教师要把评价的标准放宽，只要他们有一点进步，就要及时进行激励评价，教师的肯定、鼓励是他们克服困难的"助推剂"。现代教育比较提倡赏识教育，但是这并不意味着，教师要一直赞扬学生，一味地赞扬只会让优秀的学生狂妄自大、迷失自己，在评价优秀学生时，除了表扬，还要客观地指出他们的不足，让他们在挫折里吸取教训，确定努力的方向。

教师要多使用"肯定性评价"。比如，学生回答完问题之后，教师可以说"你自己找到了解决问题的办法，真是太厉害了！""你的解题思路十分巧妙！"等。与此同时，学生回答正确时，教师赞许的目光、点头的动作，也会让学生受到极大的鼓舞。

教师要多使用"亲近式评价"，拉近和学生的距离。老师可以使用轻拍学生肩膀、点头、竖大拇指等动作或沉默、凝视、微笑等表情对学生进行评价。教师对学生亲切、信任的情感，不但能够拉近双方的心理距离，让学生获得激励的信息、积极的心理暗示，还会让他们对老师产生信任、喜爱。

教师还可以采用"接纳式评价"，尊重学生的情感、人格，接受学生的个性特点，从而促进学生进行自我反思，并不断提升自己。比如，当一部分学生思考比较慢时，教师要将评价的标准放低，不要打击学生的学习兴趣。再比如，教师还可以改变课堂回答问题的模式，学生想回答问题就可以举左手，回答不了就可以举右手。这样一来，所有的学生，就都能体会到参与课堂活动的喜悦。

2.注重体态语言的运用

艾伯特·梅拉别恩是美国著名的心理学家，他通过实验表明，大家得到的信息，有百分之五十五源于面部表情，百分之三十八源于语言，百分之七源于文字。由此可见，在教学过程中，肢体语言是十分重要的。如果想让学生进一步理解问题，教师在用有声语言的时候，还可以加上拥抱、微笑、抚摸等肢体动作。教师做的这些肢体动作，会缩短学生和教师之间的距离，还可以让学生体会到关爱，这种肢体动作会激励着学生前行，并提升他们的自信心。

三、小学数学课堂学生多元评价的实施

（一）数学课堂即时评价

在教学过程中，对学生所展现出来的方法过程、效果、学习态度等，进行的即时的批评、表扬，就是即时评价。即时评价一般是和教育相结合的，它没有比较标准的结论、评价方案，它主要是指导、评价学生在课堂上的某些行为。在教学评价中，即时评价十分重要，它是教师利用口头语言，结合部分肢体语言而进行的评价。做好即时评价，有利于提高学生的积极性、创造性。

1.数学课堂即时评价的措施

显而易见，课堂即时评价具有突发性、随机性的特点，这也反映了课堂生成与预设会有所不同的情况，不一样的数学课堂，会存在着千万种不同的变化，所以就无法确保提供的建议、方法适用在各种课堂上。然而，在教学过程中，怎样有效地实行即时评价，还是有章可循的。

（1）要积极鼓励，多用赏识性的评价。

在课堂上，教师对学生进行的评价，要具备多样化、激励性的特点。而且，有的时候换一种评价方式，对学生产生的效果可能会更好。以平时成绩较差的同学为例，倘若他在某次考试中取得了较大的进步，那么教师便可抓住这次机会，来教育他和其他同学。教师可以在公布他的成绩时，对他进行表扬，还可以让其他同学向他学习，激励同学们努力提升自己的学习成绩。

（2）及时准确，发现每一个孩子的闪光点。

教师要根据学生的学习情况，对学生做出有启发性、准确、恰当的评价。在评价中，教师还可以给出巧妙、具体的提示和指导。例如，你的想象力十分丰富，但是在做题时稍微有些粗心，你可以在下次做题的时候更加细心一点。

（3）客观公正，让学生心服口服。

教师在进行评价的时候，很容易受到师生感情的影响。教师还要解决两个问题：对优秀的学生评价太高，对水平较差的学生评价太严格。在教学过程中，教师使用即时评价，是为了提高学生的积极性，肯定学生的积极学习行为。所以，学生在积极性比较高的时候，教师要及时做出表扬、肯定，在积极性比较低的时候，教师要及时进行引导。这样一来，学生就会维持住积极的学习行为。教师不能因为学生的某个不良行为，就判定这个学生不好，教师也不可以因为这个不良行为，对学生进行讽刺、挖苦。换而言之，在教学过程中进行的即时评价，要尽量实事求是、客观、恰当。

2.数学课堂即时评价应注意的问题

（1）以尊重学生为前提。

教师要保持平等的态度、民主的思想，在课堂上要尊重学生，这一点主要体现在允许学生质疑解辩、肯定学习结果、和谐的课堂气氛、仔细听学生的发言等方面。虽然学生在学习时的合作态度、意志力、投入程度等都隐藏在学习过程中，但这些也是学生学习欲望的体现，是学生进行学习的内部因素。比如，教师经过观察，能够分析出学生是不是在倾听、练习、阅读、思考。威廉·杰姆士是一个著名的心理学家，他认为"人性最深层的需求就是渴望别人的欣赏和赞美"。因此，在课堂上提出问题，学生的答案其实是他们的思维成果，所以不管学生是隐性的积极学习状态，还是显性的学习状态，教师都应该给出正向、积极的评价。

（2）以个体纵向比较为主。

在传统的课堂上，教师会根据学生的分数，对学生进行评价，这种方式采用了横向比较的方法，它只考查了不同学生的同一方面，即分数。仅对学生的成绩进行评价，无法促进学生的总体发展。要是把本节课的教学目标，作为横向比较的标准的话，那么就会出现潜能生和优等生、不达标和达标的情况。长时间在这种数学评价中，能力较弱的学生就很容易因为不好的评价，而渐渐变得不自信、消极。而"谁能比他说得更好"这样的语言，尽管能够提高部分学生的积极性，但这样的评语也会伤害到回答问题的同学的自尊心。采用纵向比较的方法对学生进行评价的话，就能了解到学生在每个阶段的发展情况。这样一来，教师就可以找到每位学生的优点，并针对他们的优点进行评价，这样学生的学习兴趣、动力就会提高，还能促进学生的全面发展。

（二）数学课堂表现性评价

在新课程实行过程中，人们比较关注的就是表现性评价。它还被称作"真实性评价""能力评价""绩效评价"。这种评价方式主要是让学生在真实任务中体现技能、知识的一种评价。这种评价方式以表现性任务为基础，它主要是提供一部分跟学生实际情况相近的信息，通过学生完成的表现性任务，来评定学生在合作、决策、交流、创新实践、应用知识等方面的能力，以及积极的态度、科学的价值观、健康的情感等方面的发展情况。所以这种评价方式也叫"真实性评价"，这种评价不仅能体现学生合作精神、责任心、态度等非认知行为，还能体现出学生具备的数学能力与知识。"真实性评价"是一种新型的评价方式，它体现出未来评价改革的具体方向。

1.数学课堂表现性评价的措施

（1）给学生提供与现实密切联系的数学问题。

数学教育的一个目标就是让学生在解决数学问题的过程中，得到一些适应社会的数学基本技能、基础知识，并养成用数学方法来解决问题的能力、习惯。要想让学生达到这种程度，就要在数学问题中融入一些生活问题。这样的方式不像传统问题那样，只重视考查学生对知识的掌握情况，这种方式更重视学生的实践能力。

以某节数学课为例，教师将剪刀和彩纸作为课堂教具，学生见状问道："老师，我们今天要上剪纸课吗？"老师说："我们今天要以剪纸的方式来学习对称。"老师边说边将纸进行了折叠，然后老师在纸上画出了半个蝴蝶，画完之后，老师将纸打开说道："中间的线是对称轴。"学生就会马上意识到这个蝴蝶是一个对称图形。然后老师可以给每位同学发一张纸，让他们用剪刀剪出更多的对称图形。这节课生动、有趣，学生还在课堂上轻松地完成了学习任务。事实上，评价大部分学生概念学习的最佳方式就是应用、动手操作、画图。

（2）给学生提供富有挑战性的开放题。

其实，当学生遇到问题的时候，就已经开始学习数学了。他们在遇到问题的时候，会把自己看作发现者、探索者、研究者。具有挑战性的开放式问题给他们创造了一个很好的机会。一部分学生产生厌学的原因，就是课程对他来说，太过简单了。开放式问题的设置，就是为了提高学生的想象力、表现欲，这种问题还有利于培养他们的创新精神。在实际的教学中，设置的开放式问题还可以跟有关知识相关联。比如，在学习"数字与生活"的时候，就可以设置找到身份证号码的构成特点、设计学籍号、收集身份证号码等问题。

（3）给学生提供丰富有趣的数学史实。

教师可以把有意思的数学史实，作为学生学习数学的一种材料，这样可以帮助学生积极地进行交流与解决问题、观察、推理、猜测验证、实验。把数学史实作为教学素材，设计研究过程，提高学生们的探究能力，在课堂中融入一些跟数学史相关的知识，让学生感受数学之美。以"杨辉三角"为例，在课堂教学中融入一些杨辉三角的数学史实，不仅可以让学生理解其特点，还能让学生知道公式的来源、感受数学之美，还能对学生展开爱国思想品德教育，提高他们的探究、合作能力。

（4）在课后要求学生做数学日记。

其实，学生不用每天都写数学日记，他们可以定期写下自己对某部分数学内容的意见、理解、评价，他们还可以写下自己感兴趣的地方以及自己认为比较难的地方。数学日记不仅可以评价学生的思维方式，还可以评价学生对知识的掌握情况。事实上，学生写数学日记，其实也是在进行自我评价，在课后进行数学日记，是一种知识的延伸、补充。由于数学日记是在学生的知识经验、主观意愿的基础上进行的，学生们通过运用、观察、探索、体验，不仅认识到了数学的价值，还提高了对数学的信心和兴趣。它让学生养成了自主探索、动手实践的习惯，还让学生在实践中积累了很多的经验，这也让学生的数学学习变得更加有意义。

2. 数学课堂表现性评价应注意的问题

在课堂上进行的表现性任务要简单一些，评分标准也应该简单易使用。尽量使用简短的评价任务，尽量不要使用事件性任务、持续性任务。在生活、教材中找到素材以后，教师在设计表现性任务的时候，要先分析它的真实性，就算是在模拟任务情境，真实性最好也要高一些。除此之外，还应该考虑可评分性、可行性、可靠性、公平性等因素。评分标准太详细的话，会让学生、教师找不到学与教的重点，还会给他们带来评价的负担。要按照实际的教学情况、教学目标，把最关键的指标放入评分标准，来评价学生在课堂上的表现。

参考文献

[1] 余文森. 有效教学 [M]. 北京：高等教育出版社，2013.

[2] 钱佩玲，邵光华. 数学思想方法与中学数学 [M]. 北京：北京师范大学出版社，2008.

[3] 任伯许. 大学生数学能力培养研究 [M]. 青岛：中国海洋大学出版社，2012.

[4] 马忠林. 数学思维论 [M]. 南宁：广西教育出版社，2001.

[5] 章志光. 小学教育心理学 [M]. 北京：科学出版社，2001.

[6] 赵小云，叶立军. 数学化归思维论 [M]. 北京：科学出版社，2005.

[7] 王亚辉. 数学方法论 [M]. 北京：北京大学出版社，2007.

[8] 吴金蓉. 一本书玩转思维导图 [M]. 北京：清华大学出版社，2018.

[9] 博赞. 思维导图 [M]. 北京：中信出版社，2009.

[10] 巢洪政. 遵循智育心理理论优化小学数学教学 [J]. 江苏教育（小学教学版),2009(4):25-26.

[11] 段素琼. 小学数学教学要重视学生逻辑思维能力的培养 [J]. 科学咨询（教育科研），2009（11）：57-58.

[12] 高飞. 导学案教学模式的实践与思考 [J]. 科教文汇（下旬刊),2013（6）：142+146.

[13] 葛致利. 关于教育游戏与小学数学融合途径的探讨 [J]. 新课程·中旬，2016 (10) :48.

[14] 顾润生. 对学案导学的批判性思考 [J]. 当代教育科学，2012 (20)：36-37.

[15] 焦丽珍. 神奇的"经验之塔"——《视听教学法之理论》[J]. 现代教育技术，2012,22 (6) :126.

[16] 李文革. 小学数学逻辑思维能力的培养 [J]. 成功（教育），2013（16）:152.

[17] 林海荣. 数学建模思想在小学数学教学中的应用 [J]. 课程教育研究，

2018 (13) : 173.

[18] 刘彬 . 教育游戏在小学数学互动教学中的应用 [J]. 雪莲，2015 (36) :133.

[19] 刘霞 . 教育游戏在小学数学中的应用探究 [J]. 读写算（教育教学研究），2015 (47) :161.

[20] 丁美玲 . 导学案教学模式实施研究 [J]. 教育教学论坛，2013（43）：76-77.

[21] 任小雁 . 如何在小学数学教学中渗透数形结合思想 [J]. 吉林省教育学院学报（中旬），2013 (10) : 75-76.

[22] 史宁中 . 漫谈数学的基本思想 [J]. 中国大学教学，2011 (7): 9-11.

[23] 司国东，宋鸿险，赵玉 . 认知负荷理论基础上的移动学习资源设计策略研究 [J]. 中国远程教育，2013(9):88-92.

[24] 唐娟 . 小学数学多元评价的教学实践 [J]. 数学学习与研究，2016(10):69.

[25] 王春丽，何向东 . "以人为本"与逻辑思维素质培养——"钱学森之问"引发的思考 [J]. 西南大学学报（社会科学版），2010,36(6) : 46-50.

[26] 谢新月，麻忠文 . 人本主义理论下的理解课堂的构建 [J]. 文学教育（下），2015 (4) :77.

[27] 徐晨红，蔡亚萍 . 概念图、思维导图和思维地图的辨析 [J]. 科教文汇（下旬刊），2010(11):101+108.

[28] 杨文娣 . 数形结合在小学数学中的应用 [J]. 课程教育研究，2014 (29): 148.

[29] 银雯 . 教育游戏在小学数学中的应用研究 [J]. 新课程（下），2013 (7):15.

[30] 袁婷 . 小学数学教学中数形结合思想的渗透研究 [J]. 学周刊，2015 (6) : 60-61.

[31] 周蔚，刘爱亮 . 小学生数学思维特点的研究 [J]. 中国校外教育，2014 (8):103.

[32] 林丽 . 小学生空间观念的调查研究——以"图形变换"部分为例 [D]. 长春：东北师范大学，2013.

[33] 余霞辉 . 高中数学解题中的化归方法及其教学研究 [D]. 湖南：湖南师范大学，2007.

[34] 袁樱. 小学几何教学中空间观念的培养研究 [D]. 昆明 : 云南师范大学，2007.

[35] 滕林原. 探讨数学建模在小学数学中的应用 [C]. 2017 年 2 月全国教育科学学术交流论文汇编，2017.